本研究得到教育部人文社会科学研究西部项目"空间隔离与农民工的城市融入问题研究"（项目号：12XJC840004）的支持，特此致谢

社会学丛书

空间隔离与外来人口的城市融入

景晓芬 著

中国社会科学出版社

图书在版编目(CIP)数据

空间隔离与外来人口的城市融入 / 景晓芬著. —北京：中国社会科学出版社，2014.12
ISBN 978-7-5161-5430-4

Ⅰ.①空… Ⅱ.①景… Ⅲ.①流动人口—城市管理—研究—西安市 Ⅳ.①D631.42

中国版本图书馆 CIP 数据核字(2014)第 308401 号

出 版 人 赵剑英
责任编辑 冯春凤
责任校对 张爱华
责任印制 张雪娇

出　　版 中国社会科学出版社
社　　址 北京鼓楼西大街甲 158 号（邮编 100720）
网　　址 http：//www.csspw.cn
中文域名：中国社科网 010-64070619
发 行 部 010-84083685
门 市 部 010-84029450
经　　销 新华书店及其他书店

印　　刷 北京君升印刷有限公司
装　　订 廊坊市广阳区广增装订厂
版　　次 2014 年 12 月第 1 版
印　　次 2014 年 12 月第 1 次印刷

开　　本 710×1000 1/16
印　　张 13.75
插　　页 2
字　　数 224 千字
定　　价 45.00 元

目　录

图目录

表目录

第一章 导 论

一 研究背景

本书主要关注外来人口在城市空间中的位置，以及对不同城市空间位置的占据对他们的城市融入存在什么样的影响。从空间角度对外来人口的城市融入进行研究主要是出于以下几个方面的考虑。

（一）20 世纪 80 年代以来中国经济社会结构及其城市空间表征变化

1978 年开始于农村的经济体制改革开启了中国社会转型的序幕，与经济体制改革相伴随的是社会资源分配方式、社会阶层、职业地位、生活方式、价值观念等全方位的变化。此后，中国一直处于“转型”话语之下，这一转型涉及生活于其中的每一个人，包括城市和乡村。城市空间作为人类活动发生的一个重要场所，我国的经济转型和社会转型同样也不可避免地体现于其中，不同时期因经济社会结构的不同，城市空间都呈现出与之相关的布局特征。

新中国成立后，基于当时一穷二白的国情和国内外的严峻环境，我国实行了全盘的计划经济，由国家统一调配生产资料、组织生产过程以及分配消费品。与计划经济相适应并出于人口管理的需要，单位制成为一个合理选择，因为单位是一个“既能最大效益地安排生产与生活，又能把居民的家庭和社会生活结合在一起的一种空间组织”（顾朝林，2004），几乎所有的城市劳动居民都被分配于不同的单位，这种经济体制和社会管理体制体现在城市空间格局上就是：城市以一个个单位为界被分隔成几乎同质的社会空间，各个单位在生产生活方面都自成一体，构成一种单位社区。单位社区是一个自给自足的封闭或半封闭空间，人们的工作、生活、居住空间高度重叠。最能体现空间格局的住房主要是通过福利的方式分配给单位职工，分配的原则主要是根据级别、工龄、婚姻状况、家庭情况等，在单位内部并不存在明显的住房差异，形成住房资源上的低水平短缺。在单位外部，因为不存在住房市场，所以收入对个人或家庭的住房情况并不构成明显影响。这一时期，城市虽然实行的是街居制管理体制，但实际上对社会的控制权却是分散于各个单位之中，街居只能管理少数的城市无业人员。这种由单位社区而形成的空间分隔是新中国成立后到改革开放前我国城市空间的主要特征。这一时期城市空间的隔离主要体现为单位间的隔离，空间差异也主要体现为单位差异。单位是融经济、政治、社会、生活功能为一体的空间，城市的功能分区不明显，整个城市空间处于一种工业、商业、生活混杂的状态，缺少主题鲜明的公共空间。官僚组织和经济组织在传统的社会主义社会中合二为一，从而使得经济组织也具有了国家行政功能（李路路、李汉林，2000），这是当时政府社会运行在空间上的表征。在这里经济力量显然是被政治力量（政府的计划）覆盖了。这种由单位制形成的社区空间实际上是国家政治在空间上的一种体现，在一个强调集体高于个人的年代，社会公共空间和个人空间遭到政治空间的挤压，处于一种微不足道的境况。在当时的先生产、后生活的经济发展思想的指导下，政府统管一切的政治空间过多地挤占了公共空间和私人空间。

这一时期在社会结构上也比较简单，城市阶层构成以工人、干部以及少数的无业人员为主，但这种社会阶层上的分化并未形成独特的空间形态，在职业空间、居住空间和公共活动空间上不同阶层都呈现很大的重合。虽然社会职业分化明显，但在强调“职业只不过是不同的劳动分工”的大背景下，职业并没有成为衡量个人社会地位高低的一个重要指标，在城市空间上也未形成围绕职业等级的分异或隔离。

20 世纪 80 年代后，我国开始进行城市经济体制改革，国家在经济生活领域中从全面干预转向逐渐退出，国家对经济领域的控制逐渐减弱，整个社会开始由传统的计划经济向市场经济转轨。原来单一的经济主体变得多元化，一系列的民营、私营、外资、合资企业纷纷兴起，经济形态的多样化打破了原来国有企业和单位制一统天下的局面。这些新兴的经济形态与单位制下企业不同的是，它们只承担经济功能，员工与企业之间不存在强烈的人身依附关系，其员工除了在工作上与企业发生联系以外，其余的居住、生活、社会交往等都在单位以外完成。另外，随着国家在经济领域退出，原来国家统领一切的无处不在的政治空间也开始退缩。到了20世纪90年代，由于新兴经济形态的冲击和国有企业自身的问题，原来的以国有企业为代表的传统单位制企业发生了一系列的变化，许多国企陷入困境，纷纷改制或破产，改制或破产后的国有企业中原来单位包办的居民社会生活部分交由市场或社会去管理，传统的单位社区就此瓦解，体现于城市空间的便是原来的单位大院的消失。再加上同时期城市产业结构调整，许多城市在这一时期不约而同都提出了“退二进三”的产业调整目标，原来的许多以第二产业为主的国有企业向城外搬迁，而原来的生活区则继续留在城中，这就导致了融生产、生活、社会功能为一体的单位制发生分裂，单位成为一个完全意义上的经济空间，原来职住一体的格局也不复存在。

伴随着经济形态转变而来的是城市政府对于城市发展的规划和城市住房制度改革，这两方面也对城市空间形态的改变起了很大的促进作用。20世纪80年代以后，在发展经济、改善生活的发展目标指导下，各地的城市政府都主导进行了一系列的城市建设，如旧城中心改造，修建用于居民休闲交往的广场、绿地、公园；整修道路，建造供居民购物娱乐游憩的中心场所等，这些都大大拓展了城市的公共空间。同时，我国开始实行住房制度改革，由原来的福利住房制度向市场化方向转变。1988年，国务院发布《在全国城镇分期分批推行住房制度改革实施方案》，这是房改的开始，到了1994年，国务院再次颁发《国务院关于深化城镇住房制度改革的决定》，住房制度改革全面开始并向深入迈进。与住房制度改革相随的是城市房地产市场的兴起，从90年代起，全国房地产开发热潮涌起，并一直持续至今。住房制度改革与房地产市场的发展使得原来住房只依赖单位供给的单一途径被打破，住房不再由单位统一解决，而是自行到市场上寻求，对住房空间的选择更多地体现出个人的主观意愿、经济能力、文化偏好等。

这一时期，城市空间表征变得多样化起来：

（1）因为财政制度的改革和对地方政府的GDP考核标准，激发了城市政府发展本地经济的强大动力，政府直接介入城市发展和城市建设中，造就了大量的新型城市空间，如商业中心、道路、休闲广场、公园、绿地等。

(2) 延续至今的单位制在城市中还有部分存在，如部分的国有企业、事业单位、政府机构等依然保留了单位制下的空间格局，只不过将一些原来由单位承担的服务性的业务分离出去，但在空间上基本上还是保留了职住一体的格局，在住房分配上还存在着统一建房或统一购买的方式，其居住方式依然保留了一定程度的封闭性。

(3) 从房地产市场自行购买住房的，对这部分人来讲，收入是决定其居住区位、房屋质量的重要影响因素。其内部体现出较为明显的居住空间分异。经济实力较强的，居住于环境优美的城市空间，而一些较为下层的，只能购买政府提供的位置较为偏远的经济适用房以及从城市中心置换的郊区住房。

(4) 在城中村这样的“城市飞地”中还存在着身份依旧为农民的城市居民，他们的住房主要是宅基地上的自建房，为了追求房租带来的利益，他们通常将自建房加高、分割，形成一种高密度的居住空间。

(5) 进入城市务工的外来人员，一般居住于单位提供的集体宿舍或自己租住在城中村和城郊村，居住地不稳定且环境较差。

随着社会阶层的分化，城市空间分配过程中的矛盾表现得越来越突出，当强势阶层凭借经济资本、政治资本占据了空间分配过程中的有利地位时，弱势阶层使用城市空间的权利遭到了剥夺，由此而产生了一系列的城市社会矛盾。同时，城市景观的反差也越来越明显：高档的门禁社区、奢华的购物休闲娱乐场所、城市优质地理空间的私人化与矮小脏乱的棚户区、拥挤不堪的城中村、廉价商品充斥的地摊市场形成了鲜明的对比。在城市空间更新和城市空间重新分配的过程中，如何使城市空间的分配更为合理，在分配过程中保障各个阶层尤其是外来人口的基本权益，是本书写作的主要动机。

(二) 城市化进程使得原来分处城乡两个空间的矛盾压缩进了城市这一空间，城乡差距的对比更为明显和直接

新中国成立后，中国城乡关系经过了一个短暂的开放时期，即 1949 年到 1953 年。在这个时段，中国社会仍然是典型的农业社会，经济社会的动力主要来自于农业，城市工业和其他产业在这一时期并无明显发展。在社会结构上虽然表现为城市和乡村两种形态，但并未形成城乡对立格局，各种资源要素和人口都可以在城乡间自由流动。从1957年开始，国家开始重点发展城市工业，为了获取工业启动的原始资本，国家对粮食实行统购统销制度，这一制度后来扩大到几乎所有产品。同时为了防止农村人口大量无序涌入城市而带来的城市压力，开始实行限制人口自由流动的户籍制度。从此以后，通过城市的单位制和农村的人民公社制将城乡置于相互隔离的两个环境之中。一直到改革开放以前，中国基本上都是处于城乡二元分割体制之下，城市和乡村之间的连接是通过国家这个中介来实现的，城市居民和乡村居民并不直接发生联系。城市和乡村处于两种不同的体制之中，城市人和农村人也成了身份地位不同的两个群体。但值得注意的是，这一时期虽然城乡之间存在着贫富和身份地位差距，但因为国家对整个社会的严格管控和城乡之间的绝对封闭，城市对于农村人来讲只是一个遥远的羡慕目标，除了感叹城市人命好之外，大多数农村人包括整个社会并未对这种城乡间的不公平做太多深入的思考，因而在人们感知上并未形成自觉的、强烈的城乡不公意识。1978年农村经济体制改革释放出了农业和农村发展的强大动力，此后经过几年发展城乡差距有所缩小，如1985年城乡收入差距降低到1.86∶1（见图1—1）。但建立在农户积极性基础上的动力对于农村经济发展尤其是农村经济持续发展是非常有限的，很快，农村发展进入瓶颈期，具体表现就是农民增收困难。而从1985年开始，国家经济发展的重心向城市转移，城市成为经济体制改革的主要阵地，城市经济迅速发展，城乡差距再次拉大并呈逐年增加趋势，农业收益的下降和城市就业机会的增多使得大量农村剩余劳动力开始将目光投向城市，同时，户籍制度的松动也使得农民进城打工成为可能。从20世纪80年代开始，中国开始了延续至今的全国范围内以农民工为主体的大规模人口流动。

农民工进城带来的城乡关系变化的最重要的一个特征便是将原来的处于两个隔离空间的城乡矛盾集中到了城市这一空间，在城市地域内部，农民工与城市其他阶层之间的相依和共存、对立和冲突全方位上演。城乡关系不仅全部体现于城市地域和乡村地域之间，而且也体现在城市内部各个不同的空间上。为此，将城市空间作为社会流动背景下城乡关系的一个研究场域是城乡关系变迁现实的必然选择，从空间的角度对外来人口进行研究也是一个非常有益的视角。

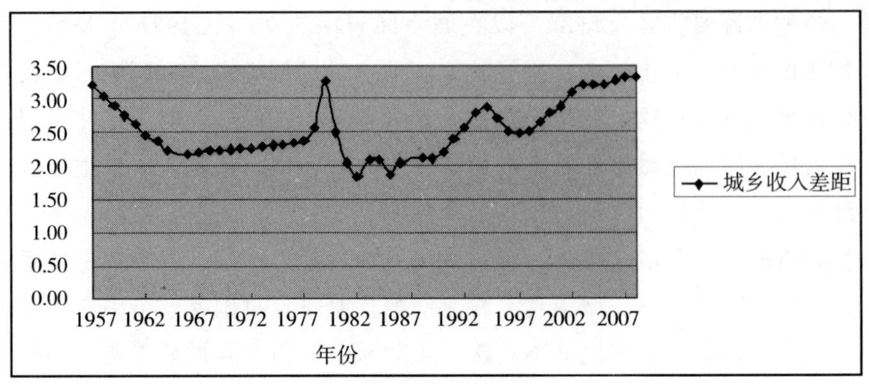

图 1—1 中国城乡收入差距变化（1957—2007）

资料来源：《中国统计年鉴》。

（三）农村劳动力大量进城以及城市外来人口构成情况的变化

改革开放后，城市外来人口主要是农村进城务工的农民工。从 20 世纪 80 年代农民可以自带口粮进城以来，外出农民工的数量一直呈增长趋势，从 1985 年的约 2500 万人增加到 2011 年的 15863 万人（见图 1—2）。除了绝对数量的增长外，经过近 30 年的时间变迁，农民工的构成情况也已经发生了很大的改变，表现在：

（1）新生代农民工成为一个独特的引人关注的群体，据国家统计局农村司发布的农民工监测报告，2009 年新生代农民工数量为 8487 万人，占所有农民工的 58.4%；2010 年为 6502.04 万人，占所有农民工的 42.4%。[①] 通常人们对于新生代农民工的认识是他们年轻、文化程度较老一代农民工要高、缺乏务农经历、吃苦耐劳特征较弱、外出动机兼具经济与发展两种考虑、生活方式上与城市人更为接近、有更强烈的留居城市的意愿，但对来自城市的歧视和社会排斥更为敏感等（王春光，2001；刘传江、程建林，2007；姚俊，2010 等）。同时，新生代农民工大多处于未婚状态，他们大部分的重要人生事件将都要于城市务工期间完成，如恋爱、结婚、生育、子女上学等（国家统计局住户调查办公室，2011）。2010 年教育部社科规划项

① 据国家统计局农村司发布的《2010 年农民工监测报告》数据计算得出：2010 年新生代农民工的年龄应该在 30 岁及以下；2010 年农民工监测报告显示，30 岁以下的农民工比例为 42.4%，外出农民工总数为 15335 万人，二者相乘，得到新生代农民工数量为 6502.04 万人。

目“农民工社会适应问题研究”课题组在重庆和珠三角地区所做的调查也显示，老一代农民工外出时已婚的占60.20%，他们大都是在婚后外出的，而新生代农民工外出前已婚的仅有5.23%（景晓芬、马凤鸣，2011），他们中的很多人将要在城市中寻找自己的人生伴侣，返乡对于他们变得比老一代农民工更加不可能。新生代农民工不同于老一代农民工的这些特征使得他们不愿意将城市作为自己生命历程某个阶段的暂时场所，他们将自己的未来更多地放在城市而不是农村。

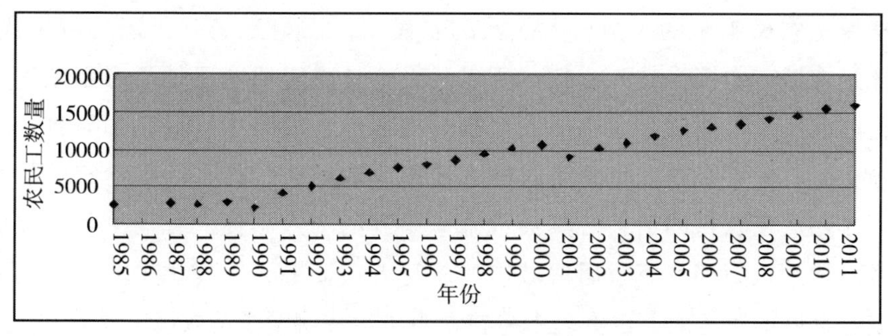

图1—2　1985—2011年农民工数量变化（单位：万人）

资料来源：1985—2007年数据来源于杨聪敏计算，他用来估算外出农民工（即本乡镇以外务农农民工）数量的数据来自于历年《中国统计年鉴》、《中国人口统计年鉴》、历次《中国人口普查资料》、国家有关部门发布的相关统计数据和已有的研究成果，因为这些调查中都没有专门针对农民工进行数据收集，因而在统计口径上存在差异，农民工的数据也只是大概的估算，可能与实际情况有所出入，但在缺乏农民工数据的情况下，这样的估算不失为测算农民工数据的一种尝试。2008—2011年的数据来自国家统计局农村司发布的农民工监测报告，在农民工监测数据中，外出农民工被界定为：指调查年度内，在本乡镇地域以外从业6个月及以上的农村劳动力。

（2）农民工迁移模式从个体外出向家庭迁移转变，随着城市化进程的持续推进，农民工进城呈现出与流动初期不同的特征，其中很明显的一个趋势就是从一开始的单个外出向举家迁移转变。我国农民工调查监测数据显示，从2008—2011年，农民工家庭外出人数依次为2859万人、2966万人、3071万人、3279万人。《中国流动人口发展报告2013》也显示：“家庭化迁移成为人口流动迁移的主体模式。”家庭外出与个体外出对于农民工本人和他们所进入的城市空间意义是不同的，一般来讲，举家外出的农民工尤其是当有子女一同外出时，他们所面临的城市生活内容比个体外出的农民工要丰富得多，城市对他们而言不仅仅是一个职业空间，而且也是一个消费空间。以住房空间需求为例，个体外出的新生代农民工独立租赁住房的比例为 15.5%；而夫妻一起外出新生代农民工的这一比例为 32.7%（国家统计局住户调查办公室，2011），远远高于前者。另外，还有对更多的日常用品的需求以及可能面临的文化教育、休闲娱乐等方面的公共空间需求等。

（3）虽然也有大量研究表明，有相当一部分农民工有着强烈的返乡意愿，但多是老一代农民工，而且他们返乡多是因为年纪大了以后无力在城市继续工作的无奈选择或出于叶落归根的想法，当然也有部分是回乡创业，但毕竟是农民工中的少数，大多数的农民工，无论是老一代还是新生代，都还是在城市中接受他人雇佣。所以，无论是决定留城还是具有强烈返乡意愿的农民工，他们生命中的大多数时光都是在城市中度过，如果将一个生命中二三十年都在城市中度过的人还视为农村人，将与他生活相关的所有安排还放在农村的话，必然会带来一系列的个人不便和社会麻烦，在城市政府周到地为那些短暂居留城市的旅行者或商务人士提供了非常便利的设施和良好的服务时，没有理由将在城市中生活半辈子的农民工排除在外。

农民工构成的这些变化和他们在城市中的长期生活对城市空间分配提出了新的要求，然而与这种强烈需求相对应的现实情形是他们在空间分配过程中的极端不利位置。从居住情况来看，农民工住在单位宿舍和工地工棚的比例为 42.6%，租住私房的为 34.6%，仅有 0.7% 在城市中拥有自购住房（国家统计局住户调查办公室，2011），无论是住在单位宿舍、工棚还是租住私房，其居住环境都不容乐观而且流动性很大。从居住空间区位来讲，大多是在与城市其他阶层居民相对隔离的地域，无论是单位宿舍、工棚还是租住城中村的私人住房，都是一个与城市中其他群体相对独立与隔离的空间。空间上的这种隔离可能对农民工的城市融入有着非常负面的制约作用。对比农民工参与空间分配的意愿和农民工在城市空间分配中的现实状况，将外来人口城市融入研究放在公平参与城市空间分配和空间调整的大背景下显得非常必要而且刻不容缓。

二 研究目的与意义

（一）研究的目的

本书拟在数据收集、文献查阅和理论分析的基础上，从宏观和微观两个层面对西安市外来人口的空间分布和空间隔离状态进行分析。宏观研究主要是利用文献从城市的历史、产业结构布局、人口户籍政策、住房制度、政府的城市规划政策等分析外来人口空间分布的现实经济社会基础，同时利用统计年鉴数据和2000年、2010年两次人口普查数据描绘外来人口空间分布变化趋势；在微观层面上，将外来人口的空间隔离分为三个维度：职业空间隔离、居住空间隔离与公共空间隔离，从外来人口和城市居民两个角度对外来人口与城市居民的空间隔离状况进行描述，同时测量外来人口的城市融入水平。在此基础上，提出导致外来人口城市融入的空间因素假设并对假设进行检验，最后针对性地提出消除空间隔离、促进社会融合的对策建议。具体目标为：①建构衡量空间隔离状况的指标体系；②描述外来人口与城市居民在城市空间上的隔离状况；③探讨造成外来人口空间隔离的社会基础及动力机制；④分析不同程度的空间隔离对外来人口城市融入的影响；⑤提出消除空间隔离的政策建议。

（二）研究的意义

城市化是大量农村人口进入城市、逐渐转变为市民的过程，同时也是对具有社会意义的城市空间的生产、分配、消费的过程。在这个过程中，外来人口如何参与城市空间的分配、消费，不仅关系到他们能否真正融入城市，同时也是社会公平的重要体现。从现有的外来人口城市空间分布来看，他们与城市居民存在着一定程度的隔离。从职业空间上，他们聚集于一些脏、累、收入低的行业领域，经济地位和职业地位都较低；在居住空间上，集中居住是外来人口居住的一个重要特征，在空间上与城市居民也呈现出一定的距离。因此，在对外来人口的城市融入进行研究时，空间是一个不可忽视而且非常有益的视角。随着城市化进程的加快，越来越多的农村人口进入城市，进城务工的外来人口已经由第一代为主转变为第二代为主；由个体外出为主转变为举家外出为主；与第一代外来人口与个体外出者相比，第二代外来人口举家迁移者留居城市、融入城市的意愿更为强烈。但目前城市空间的分配还是市场力量占主导，外来人口在经济上的弱势注定他们在空间分配时处于不利地位。虽然有些城市政府也有一些调控政策，但主要都还是针对城市居民的，针对外来人口的空间分配设计才刚刚起步，而且，在关于外来人口的空间分配问题上，又大都集中于住房空间方面，职业空间或公共空间方面涉及很少。鉴于此，从空间的角度对外来人口的城市融入进行全面而深入的研究具有非常重要的意义。

1. 本书的理论意义

对外来人口的社会融入问题从空间隔离的角度进行分析，可以从理论上扩展现有的有关外来人口研究的理论、深化外来人口的社会融入理论，并可以在一定程度上丰富有关外来人口市民化、外来人口的社会适应、移民融合等理论的内容。同时，对城市社会学、城市地理学、城市规划、城市管理等学科中有关空间研究的理论也是一种补充，在一定程度上可以沟通人文地理学研究与社会学研究，为这些学科的对话提供可能。

2. 本书的现实意义

通过本书的研究，从现实层面对外来人口的空间隔离状况有一个准确的认识，从而为有关外来人口的制度安排和政策设计提供依据。2010 年中央一号文件明确提出了要改善外来人口的住房条件，逐步将外来人口纳入城市住房保障体系，这意味着在以后的城市规划和城市空间分配过程中要充分考虑外来人口的需求，而在外来人口城市空间分配设计过程中仅仅关注空间的物理属性是不够的，更重要的是要考虑空间所蕴含的社会意义，关注空间公平，对外来人口在城市空间分配的状况进行全面研究，可以为有关外来人口空间分配的制度和政策设计提供依据。实现外来人口的真正市民化，关键在于在城市资源分配中赋予这一群体相应的权利并真正贯彻执行，空间资源作为城市资源的一个重要组成部分，理应被纳入外来人口权益实现的内容之中。

三 研究思路和研究方法

（一）研究思路

本书重点是在分析城市空间结构的基础上，研究外来人口在其中的城市空间分配问题，并分析空间隔离对外来人口城市融入的影响。基本思路如下：第一，从现实出发提出研究问题，并对主要概念和已有的相关研究进行综述，在此基础上确定本书的视角；第二，从历史的角度对西安城市空间演变做一回顾和梳理，了解不同历史时期西安城市空间格局及不同群体在空间中的分布情况及可能存在的空间隔离；第三，利用统计数据，从宏观的角度对现阶段外来人口在西安的空间分布情况及外来人口与城市居民的空间隔离进行描述分析；第四，进行实证研究设计，通过具体的问卷调查收集详细的外来人口与城市居民的空间数据；第五，在实证调查数据的基础上，深入分析外来人口与城市居民在三个维度上的空间隔离；第六，分析外来人口城市融入的现状，从分层次和总体水平两个方面进行分配，最后以空间隔离为自变量，以外来人口的城市融入水平为因变量建立模型探讨空间隔离程度对外来人口城市融入水平的影响并提出政策建议（见图1—3）。

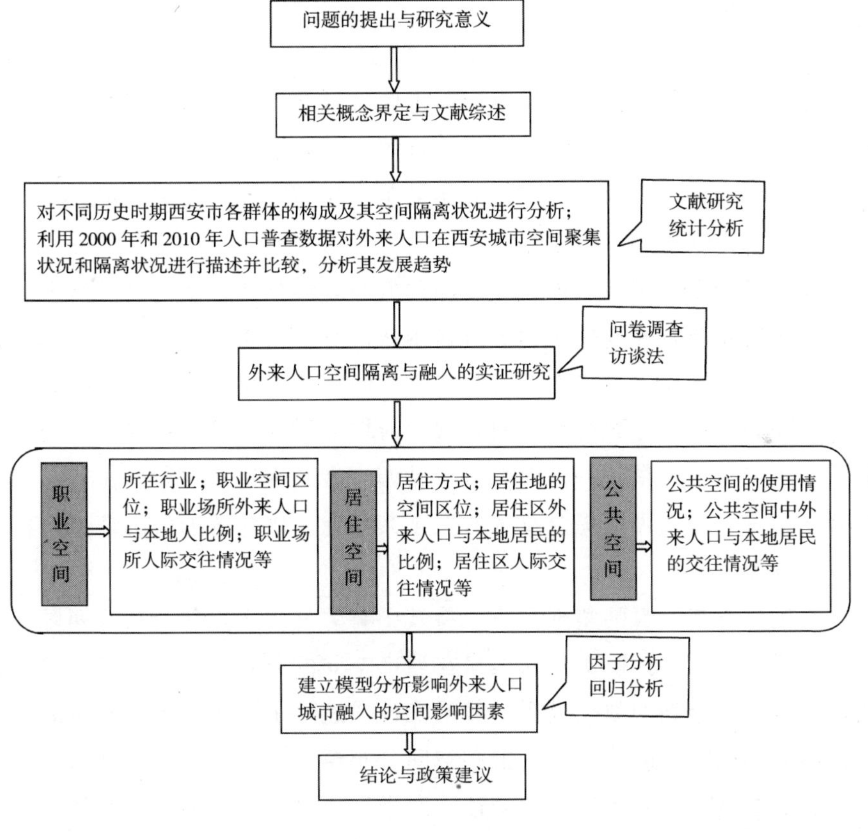

图1—3 研究思路

（二）研究方法

在研究过程中综合使用人口学、社会学、人文地理学、城市规划等多学科的方法，将定性研究与定量研究相结合，宏观分析与微观研究相结合，动态分析与静态分析相结合，具体方法为：

1. 文献研究法

查阅相关研究领域大量现有研究文献，将其归纳、总结、分析，对现有的研究进行一个全面的了解，从而有助于把握这一领域的已有研究成果、研究趋势和研究不足，为本书提供一个坚实的资料基础和研究起点。文献研究部分还包括对已有数据的收集和整理，其中主要是对西安市2000年和2010年两次人口普查数据、西安历年统计年鉴以及前人成果中的与本书相关数据的筛选、汇总和处理。

2. 社会调查

通过用问卷法对外来人口和城市居民的人口学特征、空间隔离状况、城市融入状况进行调查，从微观层面上收集被调查者的有关信息。从过程上来讲，经过方案讨论、设计问卷、试调查、修改问卷、正式调查五个步骤。在问卷的具体发放过程中，采用的是当场填写、当场回收的方法，保证了问卷的回收率和填答效果。

访谈有助于获得比较深入、生动的资料，运用访谈法，对外来人口和城市居民的隔离状况和融入情况进行细致了解，分析其行为背后的深层原因和意义。

在调查过程中还配合使用观察法，对调查对象的语言、动作、外表及其所处环境进行观察，一方面可以帮助调查者甄别调查对象提供信息的可靠程度；另一方面可以提供直观的关于其职业、居住等方面的信息。

3. 统计分析

通过对普查资料的整理分析，将其中有关外来人口部分与空间区划联系起来建立模型，描绘出外来人口在城市空间的分布及变化趋势。通过对实地调查中收集到的数据进行一般的统计描述，了解外来人口样本的基本特征及职业空间、居住空间、公共空间分布情况，具体为：对外来人口和城市居民进行样本基本特征的描述，并进行比较，主要描述的变量包括年龄、性别、文化程度、婚姻状况、月收入、务工时间长短（外来人口）、是否省内务工（外来人口）、户口迁入情况（城市居民）、户口迁入西安时间长短（城市居民）、户口是否省内迁入（城市居民）、居住及居住隔离状况、职业及职业隔离状况、公共空间使用情况等，主要是计算频次和百分比，方法为频次分析法。

通过相关分析，了解外来人口和城市居民的人口学特征与空间分布的关系。具体为：将两个关键自变量职业空间隔离、居住空间隔离与个人特征、职业有关特征、居住有关特征等进行相关分析，了解空间隔离与其他因素之间的相关性。

通过回归分析，对研究假设进行检验，分析对外来人口空间分布的影响因素。具体为：纳入控制变量的基准回归模型 $Y = \beta_{控制变量} \times$ 控制变量，模型中的 Y（因变量）为城市融入，本书中控制变量为年龄、性别、婚姻状况、教育程度、外出时间、是否有职业资格证书等。

加入关键自变量后各自对空间自变量与社会融入之间的关系进行回归分析，了解消除人口个体特征影响后空间因素对社会融入的影响，具体模型为：回归模型 $Y = \beta_{关键自变量} \times$ 关键自变量 $+ \beta_{控制变量} \times$ 控制变量。本书的关键自变量为职业空间隔离和居住空间隔离，$\beta_{控制变量}$ 为关键自变量的回归系数。

通过因子分析法提取外来人口经济融入、生活融入、社会融入、身份认同、社会距离等方面的因子，在此基础上计算外来人口的城市融入总水平。

数据处理软件为 Stata11.0。

四 创新之处

本书可能的创新之处在于：

第一，将空间视角引入外来人口城市融入问题的研究中。从空间角度研究外来人口城市融入问题在现有的文献中还比较少见，本书从三个方面（职业空间、居住空间、公共空间）对外来人口的城市空间隔离状况进行研究，形成一个比较全面的测量空间隔离的指标体系。

第二，从历史的角度对西安不同历史时期的外来人口空间分布状况进行研究，重点从空间隔离和空间聚集两个方面对比了 2000—2010 年城市化加速发展这十年间外来人口的空间分布变化。发现 2000—2010 年，西安市外来人口与城市居民的空间隔离状况变化不大，与行政区单元相比，在街道一级的地理单元上，外来人口的隔离程度更高；从聚集情况看，在发展较快的行政区，外来人口聚集程度较高，主要集中于一些城乡接合部或城中村。

第三，从实证调查数据出发，从外来人口和城市居民两个角度对二者之间的空间隔离程度进行了分析，提出空间隔离程度不对称性，即从城市居民角度测量的外来人口与本地居民隔离程度更高。与职业空间相比，居住空间的隔离程度更高，外来人口在城市空间的选择上，呈现出以职业空间为主导的空间变动特征。

第四，构建了空间隔离与外来人口城市融入模型，模型验证结果说明空间隔离对外来人口城市融入存在着显著影响，弥补了以往关于外来人口城市融入研究中空间视角的不足。

第二章　文献综述及理论框架

本章主要对与本书有关的概念进行分析，明确本书是在何种意义上使用这些概念的，同时对相关领域的已有研究成果进行回顾并述评，在此基础上提出本书的立足点和视角。重点在于对城市空间结构和外来人口城市融入有关研究进行回顾与梳理。

一　与本书有关的概念界定

与本书主题相关的主要概念有城市空间结构、空间分异、空间隔离、农民工、流动人口、外来人口、社会融入等，以下对这些概念做一简单概括，并界定出本书在何种范畴上使用这些概念。

（一）城市空间结构

城市空间结构指一个城市各种要素在空间上的分布情况，它并非一个空洞的物理空间，而是反映了城市的经济结构、社会关系、政治甚至意识形态。城市空间结构是一个多维度的概念，包含了物理的、经济的、政治的、社会的、生态的以及感知的属性。人们对于城市空间结构的认识经历了一个不断深化变动的过程，如王兴中（2000）认为城市空间研究范围经历了从自然空间结构到经济空间结构再到社会空间结构的一个转变过程，研究的核心问题从城市发展有机体到城市土地利用再到城市生活质量问题。福利（Foley，1964）认为，城市结构包括空间和非空间两种属性，空间结构是城市各类活动的空间特征。在此基础上，韦伯（Webber，1964）将关注点专注于城市空间结构，他认为城市空间结构包括形式和过程两个方面，形式是指城市空间各构成要素在空间上的分布；过程则是各构成要素的相互作用。伯恩（Bourne，1971）认为城市空间是指城市空间的要素分布和各要素之间的相互作用。也有学者认为城市社会空间结构的研究应集中在居住分化与社区、居民意识与行为、城市内社会场所感知、生活的社会基础、城市组织与生活领域、住宅与市场、土地利用权利与管理、城市生活质量、社会背景与政治（Laumann and House，1970）。

在本书中，城市空间结构研究主要关注城市的社会空间结构，将城市空间结构与生活于其中的社会群体联系起来，分析城市中具有不同阶层地位的群体在城市空间中所处的位置及其在城市空间位置中的流动变化状况，并探讨这些空间位置所代表的社会意义以及空间位置变化背后所隐藏的社会关系，重点放在外来人口群体和城市居民群体的比较上。

（二）社会极化、空间分异与空间隔离

社会极化，简单来讲就是社会的两极分化，指社会成员依照某种标准或在某一力量的推动下逐渐分属于两个不同的极端。常见的社会极化的表现有：贫富分化明显、特权等级与贫困阶层长期共同存在于同一社会、阶层间的相互敌视与仇恨等；社会极化表现在城市空间上便是空间分异或空间隔离。

分异从历史文献来看，含义有三：①分开居住，如《管子·四时》第四十有文“禁迁徙，止流民，圉分异”；②不同寻常；③区别。空间分异包含了“分开”、“区别”的意思，指不同的群体、机构在城市空间的分布上呈现出同类相聚、异类分异的现象。空间分异是社会资源配置的必然结果，一定程度的空间分异有利于资源和要素的优化配置，空间分异本身并不一定体现了社会排斥或社会剥夺，关键在于分异的程度和分异产生的原因。地理学者在研究城市空间时大都使用的是空间分异一词，他们大都持一种价值中立的“科学”立场对城市空间进行研究。

空间隔离虽然在空间表征上与空间分异一样，都表现为不同类型的群体分居于城市的不同空间，但相对于空间分异来讲，空间隔离带有明显的价值判断色彩，因而城市社会学者对城市空间的研究大多使用的是空间隔离而非空间分异这一概念。空间隔离包含了自我隔离和他人隔离即主动隔离和被动隔离两个方面，主动隔离是通过个体的主

动选择使得自己处于一种和他人相互疏离的状态，也就是吉登斯所说的“精英反叛”，是一种自我选择的结果。这种隔离体现的更多的是一种优势或特权。但更多的时候，空间隔离是针对弱势群体或特定群体的，这些弱势群体成员往往是因为一些外在的原因和个体自身的原因而被迫处于一定的城市空间，其背后体现的更多的是基于客观现实的无奈选择。本书在研究时主要使用空间隔离这一概念，对外来人口的职业空间、居住空间和公共空间的隔离状态进行描述，并分析造成隔离的原因及隔离可能带来的社会后果。

在本书中，空间隔离指的是外来人口和城市居民在空间上的分隔程度，具体测量时，将空间隔离分为三个层面（职业空间、居住空间、公共空间）进行测量，其中职业空间和居住空间比较简单，指向明确。

职业空间指的是个体的工作空间，主要是指工作区位、工作场所，在本书中用“工作所在区位”和“工作场所”来表示，还包括跟工作有关的本单位外的职业空间。居住空间主要指个体所居住的场所，如居住的社区区位、社区性质、住房性质、住房内部空间结构等。

而公共空间相对比较复杂，是一个多维度的概念，包含的内容比较广泛。城市公共空间一直被许多城市研究学者所关注，如美国城市规划学者纽曼（转引自李德英，2000）认为“城市公共空间是指用于人们消闲、娱乐、运动的公共场所”。这个定义表明了公共空间的丰富内涵，它可以是室外的，如广场、道路、公园等，也可以是室内的，如电影院、体育馆、商场等。公共空间最大的特点在于它是人们相互交往的一个场所，能够给人们提供一个不同于私密空间的领域。根据城市公共空间的外在形式，可以将其分为：街道空间、广场空间、公园空间和室内公共空间。本书选择了十类指标对外来人口和城市居民的公共空间使用情况进行测量。具体为：①公共图书馆；②书店（图书市场）；③博物馆；④音乐厅、美术馆；⑤体育馆；⑥儿童、青少年活动中心；⑦公园、动（植）物园；⑧电影院；⑨咖啡馆、茶馆、酒吧；⑩网吧。

在具体的测量中，分别从外来人口和城市本地居民角度对他们在三个空间维度方面的情况进行调查，具体指标如表2—1所示。

表 2—1 外来人口与城市居民的空间隔离测量指标

空间隔离	职业空间	工作所在区位；工作场所；工作单位本地居民的比例；工作中是否需要和本单位以外的本地人交往；工作中与本地人的交往情况（交往内容、频度、深度）
	居住空间	居住的基本状况（社区类型、住房性质、住房结构、租房费用、居住面积等）；居住地本地居民比例；居住地外来人口与本地居民交往情况
	公共空间	购买日常用品场所；购买衣服场所；去公共图书馆等十类公共空间的频率，与同去人的关系等

（三）流动人口、外来人口、农民工

流动人口、外来人口和农民工是经常被人们用来描述城市化背景下中国人口大迁移时用到的三个概念，它们之间存在着交叉的地方，但也有一些差异。首先，这三个概念都是中国现行户籍制度条件下特有的概念。

流动人口是指离开户口所在地到其他地方居住或生活的人口，理论上来讲，它包括农村向城市、城市向城市、城市向农村的人口流动，但从中国人口流动的现实情况来看，主要表现在农村人口向城市的流动，在许多学者的研究中，几乎将流动人口等同于农民工。事实上，流动人口的概念外延要更广一些。

外来人口指在本地居住但户口在外地的人口，相当于流动人口中的以某个地方为参照的流入人口。在针对某个城市而言时，流动人口和外来人口的统计口径是一致的。例如，西安市的外来人口指的就是居住在西安，但户口不在西安的人口。

农民工相比起流动人口和外来人口，其统计口径要稍小一些，特指那些户口为农村户口而从事非农业劳动的人，包括在本乡镇务工和本乡镇以外务工人员两部分，一般把调查年份内在本乡镇地域以外从业 6 个月及以上的农村劳动力称为外出农民工。对农民工的研究一般都是针对外出农民工的，也就是通常所说的跨乡镇以上外出农村劳动力。

本书中所用的主要是外来人口这一概念，其构成主体是农民工。

（四）社会融入、城市融入

关于社会融入概念的起源有不同的说法，一种说法认为社会融入源于涂尔干，在涂尔干那里，这一概念有时被称作“社会整合”，社会整合是保持社会凝聚力的关键。后来，以帕克为首的芝加哥学派发展了这一概念，虽然芝加哥学派并未直接使用社会融入或社会融合这样的概念，但他们在研究美国的欧洲移民时提到了这些人的社会适应问题，这与社会融入有着同样的内涵。社会融入概念的另一种说法是作为一个政策概念，是在解决社会排斥问题的过程中产生的，社会融入是解决社会排斥问题的一个对策。欧共体第一次提出了社会融入的标准，此后，这一概念被大量使用，但没有一个确切的统一定义。2003 年，欧盟对社会融入下了一个定义：社会融入是这样的一个过程，它确保具有风险和社会排斥的群体能够获得必要的机会和资源，通过这些机会和资源，他们能够全面参与经济社会文化生活和享受正常的生活，以及在他们居住的社会认为应该享受正常的社会福利（转引自嘎日达、黄匡时，2008）。

国内关于社会融入的研究大都集中于外来人口或农民工在城市的融入方面。许多学者在自己的研究中，也都给社会融入下了定义，涵盖了从抽象层面到操作化层面。虽然定义的表述有所不同，但共同的一点是，社会融入并非只有一个维度，而是包含了多个层面，“社会融入是一个动态的、渐进的、多维的、互动的概念”（杨菊华，2009）；风笑天（2004）在对三峡移民的研究中，将三峡移民的社会适应分为经济适应、心理适应、生活适应、环境适应四个方面；王桂新等（2008）从居住条件、经济生活、社会关系、政治参与、心理认同五个维度测量了上海市农民工的市民化程度；李树茁等（2008）则将农民工的社会融入分为行为融入和情感融入两个维度；杨菊华（2009）将社会融入分为经济整合、文化接纳、行为适应、身份认同四个维度。另外还有张文宏、雷开春（2008），杨黎源（2007）以及很多其他学者也都从操作层面上将社会融入进行了维度划分，构建了具体的可操作化指标。关于社会融入的测量将在第六章进行详细说明。

在本书中，用的是城市融入这一概念，指的是外来人口进入城市，实现空间地理上由农村到城市的迁移，同时在经济上和生活方式上适应城市生活，在心理上对城市产生认同的过程。社会融入由五个层次组成：经济层次、生活方式层次、社会交往层次、身份认同层次和社会距离层次（可以将身份认同层次和社会距离层次视为心理层面）。虽然一般认为，这几个层次呈现出由易到难的过程，经济层面的适应最为容易而心理层面的适应最难。但实际上外来人口进入城市后的社会融入似乎并不一定遵循这样的进程，尤其对于新生代外来人口来说，他们在城市融入时这几个层次总是交织在一起有时甚至是倒过来进行的。

二 国内外城市社会空间相关研究及述评

（一）空间的属性

空间的研究一直是地理学、建筑学等学科所关注的，但这些学科多是将空间看作一个科学的研究对象，在研究过程中多使用的是一些自然科学的方法。在这些学科中，空间有一种不言自明的属性，那就是它的物理属性，至于空间所表示出来的社会内涵在这些学科中很少被关注，直到人文地理学的出现，在地理学科中才开始关注空间中的政治、经济、文化等与人有关的内容。人文社会科学对空间的关注晚于自然科学，但它们从一开始就是从社会属性的角度来论述空间的，下面就将社会科学中有关空间属性的研究做一简单梳理。

1. 马克思恩格斯关于空间的论述

关于城市空间社会属性的研究最早可以追溯到马克思和恩格斯关于城市的论述。但马恩关于城市空间社会属性的论述多集中于城乡之间，即相对于乡村社会的城市社会特征。恩格斯将城市与乡村的分离称为“第一次社会大分工”，即“工商业劳动和农业劳动的分离”，这是人类社会出现的第一次社会分工和职业分化，这次分离的一个最主要后果就是城市的出现，体现在地域空间上就是城乡分离。从此，城市作为独立的、有着内部自发动力的空间形态开始存在，城乡的发展也遵循了不同的逻辑，具体表现为个人劳动方式的对立和生产方式的对立。当然，城市的出现还有一些其他因素的影响，如防御、地理、政治、宗教等因素，这些因素在城市形成初期有着重要的决定性作用。一旦城市形成之后，如果要持续存在的话，其内部动力只有依靠从农业中分化出来的工商业发展来维系。在城乡分离后的若干年，目前在世界的很多地方，这种分离状态依然存在，而且还将继续下去，城市和乡村的发展遵循着不同的前进逻辑，它们表现出来的不仅仅是物质生产方式和居民劳动方式的差别，而且是身份、地位、社会关系等方面的对立。关于城市内部空间的论述，马克思和恩格斯著作中提到的比较少，相对来说，恩格斯的论述更为详细一些，他的这方面观点主要体现在《论住宅问题》文集中。这个论文集收录了恩格斯与蒲鲁东主义者关于住宅问题论战的三篇文章，在论述中他将阶级问题投射到城市空间，主要是居住空间，A. 米尔柏格认为将住宅承租人对房主的关系相当于雇佣工人对资本家的关系，认为通过分期付款方式使工人成为自己的住宅和宅旁小块土地的所有者，这样就可以使工人摆脱资本主义的剥削（《中国大百科全书·经济学Ⅱ》，中国大百科全书出版社，1992 年）。恩格斯对此表示反对，认为这种改良主义的做法是一种历史的倒退，要从根本上解决工人的住宅问题，必须消灭私有制，废除资本主义生产方式。在这里，恩格斯是将解决“住宅问题”同无产阶级革命、消灭私有制、无产阶级专政这一根本问题联系在一起的。

2. 经典社会学家有关空间的论述

在社会学领域，很多经典社会学家都对空间有过一定的论及。例如，涂尔干在《宗教生活的基本形式》中指出时间和空间必须要通过区分才能被主体所掌握，他区分了个体所感知的空间和一般意义上的空间，但在涂尔干这里，空间问题并非其关注的重点，他只是通过时间、空间、范畴这样的概念来论述人类普遍知识是如何可能的。在社会学领域首先对空间做了专门论述的学者当属齐美尔，他在《空间社会学》一书中指出：“相互作用使此前空虚的和无价值的空间变为某种对我们来说是实在的东西，空间使相互作用成为可能，相互作用填充着空间。”（齐美尔，2002）也就是说，空间产生于人们的相互交往，如果人们只是各自占据着一定的空间而不发生互动的话，这种空间是无意义的，“……在这个位置和邻近的那个人的位置之间是未填充的空间，实际上，一无所有。在这二者进入相互作用的那一刻，他们之间的空间似乎是填满了，而且变得有生机了”（齐美尔，2002）。齐美尔还指出了空间的五种属性：空间的排他性、空间的分割性、社会互动的空间局部化、邻近 / 距离、空间的变动性（何雪松，2006）。相比起《空间社会学》一书，《大都市与精神生活》和大部头著作《货币哲学》中关于空间的论述就显得很不经意，如他在《大都市与精神生活》一书中用规模、分工、货币经济三个变量对都市空间中人们的社会关系和精神生活特点进行了解释，这里只是将都市空间作为一个容器，研究处于其中人们的社会关系和精神生活。在《货币哲学》一书中，提到了货币对空间的消解作用，货币使得主客体得以实现空间上的分离，从而达到个体自由。

3. 列斐伏尔与福柯的空间属性

在真正意义上深刻地揭示了空间的社会属性的学者应该是列斐伏尔。在马克思和恩格斯那里，他们更多关注的是“空间中的生产”，也就是在一定时空条件下的物质生产，关注的重点在于空间中的物质生产过程以及在物质生产过程中所体现出来的资本主义社会的生产关系和阶级对立，在马克思和恩格斯的研究中，空间本身并不是他们的直接关注对象，只是作为物质生产的一个外在容器而存在。而列斐伏尔明确地将研究转向了“空间的生产”（The production of space）即空间本身的生产，第一次将空间本身作为研究对象，而且这种空间研究又不同于以往地理学中的空间概念，它从根本上超越了空间的物理属性。列斐伏尔是一位马克思主义者，他继承了马克思主义的历史唯物主义方法论，但又不完全等同，如果说马克思恩格斯关注的是“时间—历史”维度的话，那么列斐伏尔则实现了由时间向空间维度的转向，他的研究方法被称为“社会—历史—空间”的“三元辩证法”。正如列斐伏尔本人所说，“辩证法不再听命于时间性……认识到空间，认识到发生了什么或在什么地方发生以及通常是指什么，这是对辩证法的恢复”（Henri Lefebvre，1978）。通过三元辩证法，将物质空间、精神空间、社会空间联系起来综合分析，这是列斐伏尔在空间研究方面的第一个贡献。列斐伏尔对于空间研究的另一个贡献就是明确指出了空间的社会意义，“空间从来不是空洞的，它往往蕴含着某种意义”（Henri Lefebvre，1991）。列斐伏尔在自己的研究中区分了各种各样的空间，如“绝对空间、政治空间、男性空间”等，对空间的这种划分实际上是表明了空间所负载的社会属性，与以往的只关注虚无的空间物理属性相比，是一个很大的转向。列斐伏尔将自己的空间思想应用于城市空间之中，认为城市是一个既包含物理又包含社会和精神的三位一体的空间存在，在《空间的生产》一书中，他将马克思的物质资料生产过程扩展到了城市空间生产中，认为城市并不是自发而生的，而是资本按照自己的逻辑生产出来的，整个城市空间充满了资本主义的生产方式和阶级关系，资本主义在马克思时代所表现出来的危机也因为物质生产向空间扩展而得以克服。从列斐伏尔开始，人们在研究空间的时候不再将其当作一个客观的他者，站在价值无涉的立场上进行分析，而是采用了价值介入的立场。

与列斐伏尔一样，福柯也批判了在人文社科研究中过于关注时间而忽略空间的做法，他希望借助地理学中的传统概念——空间来重新解读人类社会，但与列斐伏尔的宏观分析不同，福柯（2007）更为关注微观空间层面上的意义，他关于空间的主要成果在于将空间与权力、空间与知识联系起来。权力与空间的关系主要在他的《规训与惩罚》一书中，福柯认为，现代社会的各种空间表现如工厂、学校等都体现了权力的运作，由边沁所设计的全景式监狱更是权力化空间的极致表现。他还论述了权力空间与知识的生产，在《疯癫与文明》中，阐明了精神病学这门学科知识如何从权力空间产生出来。

列斐伏尔和福柯不约而同地都注意到了空间的社会属性，在他们的研究里，空间不再是一个空洞的、死寂的、无生命的存在，而是一个包含着丰富内容的实体，二人共同开创了人文社会科学研究中空间时代的到来，引发了人文社会科学尤其是城市社会学研究中的“空间转向”。从此之后，许多学者相继对空间进行关注。

4. 大卫·哈维和爱德华·索亚的空间观

哈维的空间思想直接来自列斐伏尔，同时，他继承了马克思的资本批判理论，将马克思的资本批判理论与城市空间生产相结合，提出了资本生产的三级循环理论：资本向物质生产领域的投资是资本生产的第一循环，这一领域是马克思主要研究的；随着资本在第一循环投资机会的减少和资本投资回报的下降，资本家将投资转向第二循环，也就是城市空间，正是因为资本的投入和资本追求利润最大化的逻辑，创造出了城市这一“人造环境”（built environment），城市的各种景观如办公楼、房地产、商业空间等都是资本追求利润的产物，体现了资本主义的运作逻辑；同样的，资本在第二循环也面临过度积累的危机，为了解决这一危机，资本将投向第三循环，也就是向科教文卫事业的投入，但这一循环也并非解决资本过度积累危机的最终出路。哈维认为，通过资本三级循环转移的“时间性修复”[①] 已经无法解决当前资本主义生产过程中所面临的危机，因此，资本将目光转向了“空间性修复”[②]，即资本在全球范围内进行投资，但随着空间修复的进行，资本在全球范围内可供投资的机会也日趋枯竭，空间修复也并不是解决资本全球危机的良策。在哈维的空间理论中，有关城市空间的叙述主要体现在他的《巴黎城记：现代性之都的诞生》，巴黎的城市改造过程可以说就是资本介入城市空间的过程，在这个空间重构过程中体现了“巴黎的社会关系、经济关系和政治关系”，当新的城市空间被生产出来以后，相应的也就出现了新的社会关系，这些社会关系体现在各类城市空间之中，如“新的宽阔大道、百货公司、咖啡馆、餐馆、剧院、公园以及一些标志性的纪念建筑”，“……阶级的区分不得不铭刻在空间的区分之上”（大卫·哈维，2006）。资本对城市空间的过度控制导致城市中空间隔离、空间剥夺以及空间异化的出现，而这一切都体现了城市空间背后所隐含的公平与正义问题。可以说，哈维的《巴黎城记：现代性之都的诞生》为我们提供了一个城市空间生产的样本，这一研究对于今日中国的快速城市化进程以及急剧的城市空间变动过程中所体现出来的社会阶层关系研究仍然具有非常有益的借鉴作用。

爱德华·索亚是一位后现代地理学家，他认为西方马克思主义在发展过程中，空间传统渐渐消失，为此，需要重新审视马克思的历史唯物主义，恢复空间在其中的地位，“马克思主义地理学的理论化形成主要是在法语国家，并体现出空间在20世纪法国知识传统中所重新占据的异乎寻常的中心地位”（爱德华·索亚，2004）。索亚将空间维度引入历史唯物主义，称之为“社会—空间辩证法”，他还发展出了“第三空间”理论，并将自己所创造出的方法与理论应用于实际的城市空间研究，即以洛杉矶城市为样本进行分析。

对空间属性进行讨论的学者还包括吉登斯、卡斯特、桑德斯等，本书不再一一对其思想进行综述。虽然这些学者关于城市空间的分析存在具体

---

① 时间性修复指通过投资长期资本项目或社会支出（如教育和科研）来进行时间转移，以推迟资本价值在未来重新进入流通领域的时间（李春火：《大卫·哈维空间视域的资本批判理论》，《理论界》2010年第12期，第145页）。

② 空间性修复指通过在别处开发新的市场，以新的生产能力和新的资源、社会和劳动可能性来进行空间转移（李春火：《大卫·哈维空间视域的资本批判理论》，《理论界》2010年第12期）。

的差异，但其中相同的一点就是，他们无一例外地关注到了空间的社会属性，认为空间并非空洞的物质存在，而是体现了生存于其中的人与人、群体与群体、组织与组织之间社会关系、空间结构是社会结构的投射与映象。对空间社会属性的重新认识引发了城市社会学和人文地理学研究领域的扩展，城市社会学的空间转向和人文地理学的社会转向使得这两个学科出现了交叉和对话的平台，搜索现有关于城市空间的文献，主要的成果都是来自这两个学科。

（二）西方城市社会空间研究的主要理论流派和研究方法

1. 西方城市社会空间研究各流派的主要观点

虽然马克思恩格斯和早期的社会学家在自己的研究中多多少少都涉及城市空间问题，但空间并没有成为他们专门的研究对象，即使是在齐美尔那里，对空间也只是进行了抽象的论述，缺乏具体的针对空间本身的分析。在社会学中，真正的城市空间研究始于芝加哥学派，表 2—2 对西方城市社会结构空间的研究进行了简单的概括和总结（唐子来，1997；刘旺、张文忠，2004；李健、宁越敏，2006；马仁锋等，2008）。

表 2—2　西方城市社会空间研究的主要代表理论观点

学派	代表人物	主要理论及观点	研究方法
人类生态学派	帕克（Park）、伯吉斯（Burgess）	同心圆理论：城市空间围绕着中心商业区依次是过渡区、工人住宅区、高级住宅区和通勤区	建立在经验观察基础上的描述
	霍伊特（Hoyt）	扇形理论：城市发展从城市中心出发，沿主要交通干线或障碍最小的方向呈扇状向外延伸，形成一个个的扇面	统计分析、描述分析
	哈里斯（Harris）、厄尔曼（Vllman）	多核心理论：城市并非只有一个核心，而是依据一定的结构和功能形成多个核心	统计分析、描述分析
	谢夫凯（Shevky）、贝尔（Bell）、贝利（Berry）、莫迪（Murdie）等	社会区分析：利用人口数据中的人口特征变量为主要依据，划分城市社会区来描绘城市空间结构，大多认为社会经济地位、种族、家庭生命周期对北美的城市社会空间分布存在影响	建立在多元统计基础上的社会区分析法、因子生态分析

续表

学派	代表人物	主要理论及观点	研究方法
新古典主义学派	阿朗索（Alonso）	将新古典经济学的基本理论应用于城市社会空间结构分析，认为地租和区位之间的关系是影响城市空间结构的主要因素，分析了居住空间分布和工业区位	新古典经济学方法
行为主义学派		行为主义学派的研究并未超出古典学派的框架，对古典主义学派理想情境下的研究进行了修正，在影响社会空间结构的因素中加入了人的变量，考察除地租等非经济因素对城市社会空间结构的影响	行为分析法
新马克思主义	列斐伏尔（Henri Lefebvre）、卡斯特（Castells）、哈维（David Havery）等	将城市空间与资本主义生产过程联系起来进行分析，城市这个人造环境是资本追求利润的结果，卡斯特则关注集体消费品，认为国家干预下的集体消费品的生产和分配对城市空间的结构产生一定的影响	在马克思的历史唯物主义辩证法的基础上增加了空间维度（“社会—历史—空间”辩证法）
新韦伯主义	雷克斯（Rex）、帕尔（Paul）	他们的“住房阶级理论”和“城市经理人理论”都指出城市空间资源的分配是市场机制和官僚机制共同作用的结果，科层制中的官员对城市与空间相关的公共资源（如住房）的分配起到一定作用	定性分析

人类生态学派对城市空间结构研究的三大经典模型（见图2—1）从根本上奠定了新城市社会学产生以前城市空间研究的基础，随后的社会区研

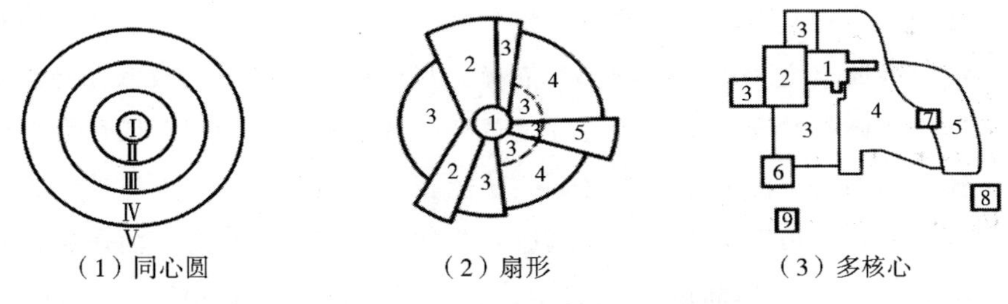

（1）同心圆　（2）扇形　（3）多核心

图 2—1　芝加哥学派的三大经典模型

究更多的是在此基础上的深入和改进，借助统计学的技术将更多的因素纳入分析过程以发现更多影响城市空间的因素。人类生态学及其后续的研究是一种对城市空间的客观描述，在研究中所持的立场是价值中立或价值无涉，他们的空间研究很少触及空间背后所隐含的社会关系。新古典主义学派则将城市空间纳入古典经济学的基本框架进行分析，这种分析沿袭了新古典经济学研究的“真空”立场，城市空间结构的形成是一种理想状态下的基于成本和收益权衡后的空间区位选择的结果。行为主义学派相对于新古典经济学派来讲，将空间经济行为分析放到一个比较现实的环境，但其分析也是在新古典经济学的框架之内进行的，只不过扩展了影响变量的内容。新马克思主义学派的城市空间研究则明显持一种价值介入的立场，关注城市空间形成中的经济、政治、社会机制，将城市空间放置到整个资本主义关系下进行研究，在新马克思主义学派那里，城市空间并非只是一个客观的物理存在，而是充满了阶级斗争和社会关系的社会产物，新马克思主义和新韦伯主义的城市社会学研究开创了城市空间研究的新方向，对城市社会学的空间研究贡献了新方法论、理论及具体的城市空间研究案例。

2. 城市空间形成和演变的动力机制

关于城市空间形成和演变的动力机制，不同学派有不同的观点。

芝加哥学派在研究城市空间时引入了生态学的观点，认为生态学的观点也可以用于人类城市社会之中，生态学中将自然群落形成的动力归为“共生”和“竞争”，帕克认为这两个原则同样也是造成城市各类机构和群体分布于不同城市空间的原因。那些在竞争中比较有实力的机构和人口占据了城市空间中比较有利的位置，而那些没有实力的只能分布或居住于较差的地方。竞争是导致城市空间分异的主要原因，即差异较大的机构和人口分居于城市的不同空间，他们之间存在一定的空间距离。当然城市各主体之间并非只是一种竞争关系，整个城市如同自然界一样，也是一个有机系统，各要素之间还存在着相互依赖、互相依存的关系，城市各要素相互依存的基础是社会分工，社会分工越细，各要素之间的相互依赖性就越高，体现在城市空间分布上便是那些功能相互依赖的机构和人口处于位置相邻的区域。城市空间格局形成之后并非处于一种固定状态，而是在各种力量的作用下处于不断的变动之中，芝加哥学派用“集中”、“离散”、“隔离”、“侵入”和“接替”来描述这种城市空间结构的变动。集中主要表现在那些拥有实力的竞争机构向城市中心迁移的过程，城市中心地租昂贵、通达性好，表现在空间格局上就是一些实力雄厚的商业机构和银行往往占据一个城市的中心地带；离散是指一些人口和机构出于各种原因向城市外郊迁移的过程，如一些上层人士出于对优美环境的追求，一些工商业机构为了获得地租相对便宜的城市用地迁向郊区；隔离是指某些机构和群体聚集在城市特定的区域之中，与周围其他机构和人口之间有一种相对明显的边界，如城市中少数民族、社会下层人士一般都居住在一个与外界相对隔离的区域；侵入和接替则是对空间演进过程的描述，城市不同机构和人群并不总处于自己固定的区域，它们都有可能将自己的地域扩展到其他机构和人群那里，同时也都可能被其他机构和群体入侵。如同伯吉斯的同心圆模式里所说的，当中心商业圈扩大时，就会入侵过渡区的地域，过渡区同样也有可能将自己的地域向外扩展，入侵工人住宅区。

芝加哥学派的人类生态学理论较好地解释了城市化早期城市空间格局形成的动力机制，这一时期城市化主要是一种向心型城市化，也就是各种要素向城市中心的聚集，地租的高低和各种机构与人口对地租的支付能力之间的匹配程度决定了他们在城市空间中的区位。但人类生态学理论对于城市空间结构的解释是一种较为简化的解释，过于强调竞争力的作用而忽略了影响城市空间结构的其他因素。随着城市化进程的继续推进，西方许多大城市出现了郊区化、逆城市化以及城市中心衰落、城市社会运动等现象，对于这些现象，人类生态学派的理论都无法予以解释。

社会区理论则着眼于一个城市中区域社会空间结构形成的影响因素，主要是人口居住空间结构。社会区是城市中具有一定同质性人口的聚居地域，社会区研究大都使用的是人口普查数据，运用因子生态分析法提取影响社会区形成的人口相关因子。经过研究，谢夫凯（Shevky）、贝尔

(Bell)、莫迪（Murdie）等都认为城市社会区形成的影响因素有社会经济地位、家庭状况和种族因素。莫迪还在他对加拿大多伦多城社会区影响因素的基础上，进一步提出了其城市社会空间结构模型。他认为，社会经济状况在空间上呈扇形分布、家庭结构在空间上呈现同心圆模式，种族因素则呈现出分散组群模式。这三类空间结构叠加起来，形成整个城市空间结构（见图2—2）。

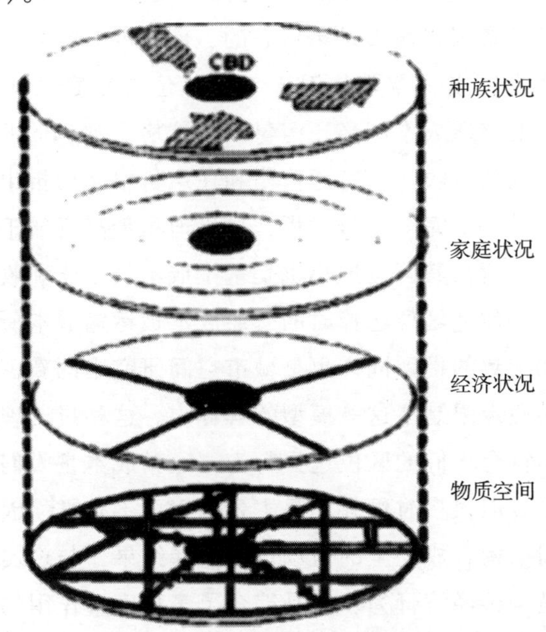

图2—2　莫迪的城市空间结构模型

对比莫迪和芝加哥人类生态学派的城市空间模型，一个最大的区别就是社会区研究不再将单一因素作为解释城市空间结构的动力机制，芝加哥学派大都是将地租以及付租能力作为城市空间结构的决定性因素，社会区分析则将更多的人口变量纳入城市空间结构的影响因素中，不同因素所导致的空间结构呈现出不同模式，这就突破了芝加哥学派试图用一种模式解释整个城市空间结构的局限性，所构造的模型也更为切合城市空间实际。但社会区分析也有自己的局限性，大多数的社会区分析所使用的数据都来自人口普查资料，因而所提取的因子仅限于与个体有关的经济特征、家庭特征和种族特征，更多的是从微观层面上分析了影响社会区形成的动力，而关于宏观层面的经济、社会、文化因素则忽略掉了。

新古典主义学派直接将新古典经济学的假定和理论应用于城市空间研究，主要关注家庭和公司的区位选择过程。新古典经济学的三个假定为："经济人"假定、经济自由假定和资源稀缺假定，除此以外，还有一些辅助性的如理性人假定、信息完全假定、个体主义假定等，这些都是不同研究者在具体研究时给出的一些附加假定。在假定了这些条件之后，个体和企业行为都是在比较投入和收益之后选择的结果。具体到城市空间研究中，新古典主义学者假定城市是单核心的，所有的人都需要到城市中心去上班，而且都住在家里，需要往返于工作单位与家庭之间，距离城市越远，所需要付出的交通成本越高，但付出的住房成本越低。因而家庭的住宅区位选择是比较家庭收入、交通价格和住房价格之后折中的结果，住宅区位的选择过程是一个完全竞争过程，付出地租最高者居于城市的最佳区位。对于企业或厂商，其区位选择也是基于成本最小化和收益最大化的权衡，所不同的是，住宅区位选择时的交通成本被运输成本所取代。新古典经济学的缺陷和招致的批评同样也是城市空间研究中的新古典主义学派所面临的，过多的假定限制了这一模型的解释力，这种过于理想化的模式在很大程度上并不符合人们的区位选择行为，通勤成本是人们选择住宅区位的一个考虑因素，但很多时候并不是主要因素更不是唯一因素。古典主义学派将城市空间结构看成完全的市场自由选择结果，与现实相去甚远。区位选择不仅仅是一种经济行为，而是综合了多种力量作用的结果。

针对古典主义学派的不足，行为主义学派在研究城市空间时加入了更多人的因素，认为区位选择是区位地租与个体对区位认知共同作用后的结果，并以此为理论基础，进行了大量的购物空间选择、住宅区位选择研究。虽然比起古典主义学派，行为主义的研究更贴近现实，但仍然是一种个体主义的方法，强调个体选择对空间结构的影响而忽略了宏观社会结构在城市空间结构形成中的作用。

新马克思主义者将城市空间放在整个资本主义生产过程之下来考察，关注影响城市空间结构的宏观动力机制。他们认为城市空间生产的动力来自资本对利润的追求，资本按照自己的意愿创造了城市，城市物质景观的建立或破坏都是为了使资本的运转更有效，创造出更多的剩余价值。新马克思主义将资本主义的城市空间生产与资本主义关系联系起来分析，强调资本主义生产方式对城市空间结构的影响，分析的是抽象意义上的城市空间而非具体的城市空间。新马克思主义者为城市空间研究提供了一种不同于以往的研究思路，但也因其高度抽象，被批评者认为距离城市太远，尤其是将研究延伸到全球范围后，城市的独特性消失了。

新韦伯主义关注与空间有关的城市公共资源分配问题，如住房、交通、公共设施等，强调城市空间资源分配过程中市场机构和官僚机构中的“守门人”的作用。与其他资源一样，城市空间资源也是一种稀缺资源，个体获得这种资源可以通过两种途径：一是市场途径，主要依靠个人在市场上的竞争力——经济能力；二是通过国家公共部门进行分配。例如，雷克斯和墨尔（Rex J. and Moore R.，1967）认为市场和科层制决定着城市住房分配的基本过程；帕尔（Paul，1975）的城市经理人理论则认为城市空间资源在分配过程中会受到官僚制中的“经理人”的影响。

（三）国内城市空间研究

国内的城市空间研究起步比较晚，从理论和方法上一直处于学习和借鉴西方的过程中。虽然从理论和方法来讲，国内学者对于城市社会空间研究的贡献不大，但也出现了大量的具体研究成果，这些成果对于丰富中国的城市空间研究资料以及以后的理论提升具有重要的基础意义。

整理国内有关城市空间研究的文献，大致可以概括为以下几个方面。

1. 城市空间结构状态研究

国内最先对城市社会空间进行研究的是虞蔚（1986），他在《城市社会空间的研究与规划》一书中用因子生态分析法对上海的城市空间进行研究，发现对上海城市空间结构产生影响的因子为人口集聚和人口文化职业结构；接下来许学强、郑静等分别利用1984年、1985年广州居民出行调查和房屋调查数据，以及1990年广州人口普查数据在1989年和1995年对广州城市空间分异状况进行研究，发现广州城市社会空间分异现象有加剧趋势（许学强，1989；郑静、许学强，1995）；王兴中（2000）将西安居住空间结构分为六大区域，分别为知识分子居住区、工人居住区、混合居住区、干部居住区和农民居住区；吴启焰（2001）对南京市城市空间进行研究后将其居住空间分为高级别墅区、高档高层公寓区、中高档多层公寓区、中档多层住宅区、廉价多层经济住宅区和棚户区与多人廉租区，在空间分布上呈东高西南低扇状分布，在城市中心则呈围绕CBD环状分布，中心高、边缘低，东部受扇状要素影响，在外圈呈多核化现象；杨上广（2006）从住宅价格、面积和住宅类型分析了上海市的居住空间分异状态，并从宏观、中观、微观层面探讨了居住空间分异形成的原因。此后，有学者相继对大连、深圳、兰州、厦门、济南、武汉等城市空间分布尤其是居住空间进行了研究。

在对城市空间结构的研究中，还有一部分学者将关注点集中于人口的空间分布情况，这方面的研究有张桂霞（1994）利用广州市第三次和第四次人口普查数据对广州的人口空间分布特点、变动类型及影响因素进行分析；冯健、周一星（2003），黄荣清（2005）对北京的研究；周春山（1996）对广州的研究；张善余（1999）对上海的研究；李俊莉等（2005）对西安的研究；刘耀斌、张云（2004）对武汉的研究；冯健、周一星（2002）对杭州的研究。2000 年以后，随着第五次人口普查数据的发布，这方面的研究也比较深入，除了单纯的针对某一个城市人口空间分布变动的研究外，还出现了将同一城市不同时期人口分布进行对比的研究，如冯健（2003）对北京、朱宇（2004）对上海的研究就是这种情形。另外一种比较研究就是将不同城市的人口空间分布进行对比，如王桂新（2003）对上海与东京的对比研究即属于这种情形。

2. 城市空间分异的动力机制

关于城市空间格局形成及演化的动力机制，综合已有的研究成果，比较一致的看法是中国目前的城市空间布局构成主要受到市场因素、政府及政策因素、历史因素、家庭及个人行为等几方面力量的共同作用，如王兴中（2000）将西安城市居住空间演变动力归为土地利用、政府和社区过滤机制三个方面；吴启焰（2001）认为政府、市场（地产机构、金融机构）、专业知识和专业机构（规划设计）是城市居住空间结构形成的充分条件，而家庭择居行为则是其必要条件，这两者共同规制了一个城市的居住空间结构；李志刚等（2004）强调历史和市场因素对城市空间结构的影响；魏立华、闫小培（2006）认为经济转轨后市场力量的壮大以及政府的企业化行为共同构成转型期广州城市空间结构演进的动力；邓楠（2006）认为城市空间结构是城市中各利益团体较量后的结果，主要是政府、跨国公司、企业主体、城市居民。而自然环境、交通技术和殖民化是长春空间演进的促进因子（刘艳军、李诚固，2008）。在这之后，有越来越多的学者对不同的城市进行了研究，但从城市空间动力机制的归纳来看都没有超出以上所说的几个因素。

3. 对城市居住空间分异的不同价值判断和应对策略

多数学者对城市空间结构研究的结论部分都有关于城市空间分异的价值判断，即我们尤其是政府应该以何种态度对待空间分异。一个基本一致的观点便是空间分异有它合理性的一面，在市场经济规律作用下，为了提高土地利用效率，必然会造成城市空间的分异甚至极化现象，但这种分异如果不加控制的话，最终会形成城市不同群体在空间和心理上的距离，甚至会引发阶层间的社会矛盾和冲突。因此，政府需要运用行政的力量对城市空间分异进行一定程度的调控，使其在满足土地利用效率的同时保证不同阶层在空间分配过程中的相对公平。

通过对国内城市空间结构研究成果进行梳理可以发现以下几个特点：

（1）城市空间的研究对象不断拓展。从一开始的针对广州、上海这些大城市的研究逐渐扩展到国内各类城市，从大城市到中等城市甚至一些小城市。

（2）研究程度不断深入。在 20 世纪 80 年代国内学者开始对中国城市进行城市空间研究时，因为数据的缺乏和方法上的局限，通常都是采用因子生态分析法对单个城市在某一时点上的空间结构进行研究，这种研究虽然对理解某个城市的空间结构有非常重要的意义，但在一定程度上也限制了研究结论的解释力。随着经济社会的发展和调查技术与调查手段的改进，政府和学术界积累了一定数量的可用于城市空间结构研究的数据，其中，最主要的就是几次人口普查数据，许多学者的空间研究都是以此为基础的。另外，还有相当多的学者针对某个或某些城市的空间研究做了针对性的数据收集，这就使得空间研究不光具有宏观层面的数据，而且在微观上也有了更为生动和丰富的资料。促使城市空间研究程度不断深入的第二个因素就是统计技术的发展，统计方法进步和统计软件的开发应用使得复杂数据处理更为容易。这两方面的原因使得城市空间研究出现两个变化：一是针对同一城市不同历史时期城市空间结构的比较成为可能，如许学强在 1989 年和 1995 年对广州城市空间结构的比较；二是可以将同一时期的不同城市空间结构进行比较，如王桂新对上海与东京的对比研究。相信以后这方面的研究会更多。

（3）研究立场从价值无涉到人文关怀。一开始的城市空间研究主要集中于地理学领域，研究大都是通过因子分析客观描述城市空间结构布局；后来随着地理学研究对社会因素的关注和社会学领域对城市空间研究的介入，城市空间研究开始关注城市中的人。一开始只是在因子分析的基础上增加了个体或家庭的自我选择作用的影响；后来相当一部分学者将目光投向城市中的某些特定群体在空间中所处的区位，对他们在城市空间分配过程中所遭受的社会排斥或社会剥夺进行研究，如专门针对农民工或城市低收入群体的空间研究。在这些研究中，充满人文关怀，研究带有强烈的改变现实的目的，希望改变这些弱势群体在空间分配上的不利局面。

（4）研究方法趋于多样化。早期的城市空间研究以地理学领域为主，在方法上以因子生态分析为主，随着其他学科尤其是社会学对空间研究的关注，城市空间研究方法变得多样化，从收集资料到资料处理都呈现出一种多学科方法的综合。社会学中的抽样调查、访谈、参与观察等也被应用到城市空间研究中，这必将大大推动空间研究数据的深化。

三 空间隔离有关研究

隔离最早在医学、物理学或生物学领域中应用较多，意思是隔断、分开。在社会科学领域，隔离主要指都市居民由于种族、宗教、职业、生活习惯、文化水准或财富差异等关系，相类似的集中居住于一特定地区，不相类似的集团间则彼此分开，产生隔离作用，有的甚至彼此产生歧视或敌对的态度（L. Roy，转引自黄怡，2006）。隔离包含了地理空间和社会心理两个层面，从隔离的类型看，有自愿性隔离和被动性隔离之分。

社会学领域关于空间隔离的研究可以追溯到芝加哥学派，在描述城市空间变动过程时，美国早期的社会学家们曾经用“隔离”一词，表示那些特定的群体、特定的机构位于城市的某种空间，形成与其他群体、其他机构的边界。帕克认为，外来族群进入城市地区后，会发生和本地族群在各种资源上的竞争，最终被迫停留在与城市已有人口相隔离的区位。社会学家刘易斯（1952）（转引自夏建中，2000）在《未崩溃的城市化》中研究了进入城市的墨西哥村民，他们进入城市后，聚集于城市中的一定区域，依然依靠农村社会的一些机制来管理和调整人与人之间的关系，村民们保留了以往农村社会的一些人际关系特征。甘斯（1962）也认为，在城市中存在着“城市村庄”和“少数民族村落”，这些城市中相对独立于其他群体的区域，无论是出于自愿选择还是客观排斥的原因，从空间区位上来看，都构成了与其他群体的空间隔离。

在西方，尤其是美国，空间隔离主要体现在白人和黑人之间的种族隔离上。雷诺兹·法利（Reynolds Farley，1993）对美国47个人口超过百万的大城市进行调查后发现，这些城市的平均隔离指数为75，种族隔离在美国大都市区依然严峻。在美国郊区化的过程中，白人和其他群体的郊区化程度要高于黑人（Douglas S. Masse，1989）。通常黑人居住在城市中环境较差的衰败区域，而白人则多居住于环境较好的郊区，即使在郊区有部分黑人，也未能形成与白人的有效融合，造成黑人的低度郊区化和居住空间上与白人的隔离。但近些年的研究似乎表明种族居住空间隔离有所降低，从1980年到2000年，包括两个到三个族群的大都市区增长超过2/3，纯粹白人都市区也有所下降，纯黑人社区下降接近1/3（Friedman，2008）。在美国的许多大都市，居住空间上种族多样化已经是一个不争的趋势（Fasenfest、Booza and Metzger，2004；Logan and Zhang，2010）。

关于空间隔离形成的原因有不同的解释，代表性的有三种：一是经济的解释。这种观点其实是一种人类生态学的解释，与芝加哥学派的竞争观点是一致的，强调不同群体在市场上的竞争力，那些经济实力强的、拥有强大竞争力的在城市空间中占据优势区位。黑人由于其低下的经济地位，缺乏在城市空间竞争中的能力，导致他们只能居住于城市中衰败区域，这些区域因为地价较低，与黑人低下的经济地位相匹配，经济的解释可以在一定程度上说明造成空间隔离的原因，但对于黑人和白人之间的区位隔离却不是一种非常准确的解释。有研究表明，在大城市中，无论黑人的收入、学历或成就如何，他们大都被迫隔离居住（Nancy A. Denton and Douglas S. Massey，1988）。这说明经济因素并非造成种族空间隔离的唯一原因，经济地位的提升也不能自然地促进这两个族群的空间融合。二是文化和种族的视角。这种观点认为，黑人与白人分离居住也是黑人文化和自我选择的结果，即自愿性隔离。从心理因素讲，人们倾向于和与自己经济、社会地位、文化、语言、种族相同的人共同居住和进行交往，同质交往让人们感到自在与舒适。三是制度的解释。新城市社会学的解释即属于此类，这种观点主要从外在于个体的制度层面探讨造成空间隔离的原因，体现在美国的公共住房和银行贷款领域，在贷款发放时，相关机构会将住宅区进行分类，通常黑人住宅区都是属于最低等级，其获得贷款的数量远低于其他群体。在公共住房领域，联邦政府在提供公共住房时也制造和增加了种族隔离，在公共住房中，黑人和白人通常也是分住于不同的住宅区，混居的比例极低。

学者们在研究空间隔离的过程中，发展出一些用于衡量空间隔离程度的指标，比较常用的是邓肯隔离指数。隔离指数表达的是一定区域内两个不同群体的隔离程度，通常用 *D* 表示，它的值表示多少比例的某一群体需要改变他们的居住地才能够使得区域中的这一群体与另一群体达到平均分布，其取值范围在 0—1 之间，0 表示无隔离；1 表示绝对隔离。空间隔离还可以用某一群体聚居区内其他族群所占的比例来表示，如黑人聚居区内白人所占的比例，或白人聚居区内黑人所占的比例，其百分比取值在 0—100 之间。还有的学者利用普查资料或社会调查资料，通过因子分析的方法分析不同群体在城市空间中的分布情况。

国内关于空间隔离的研究大多集中于居住空间上（顾朝林，2000）。城市社会隔离表现在城市生活中最明显的是居住隔离，是指都市居民由于种族、宗教、职业、生活习惯、文化水准或财富差异等关系，特征相似的聚居于一特定地区，不相类似的集团则彼此分开，产生隔离作用，有的甚至彼此产生歧视或敌对的态度（黄怡，2001）。黄怡的《城市社会分层与居住隔离》以上海为样本，将上海居住空间隔离概括为：圈层隔离、镶嵌和簇状几种，认为住房政策与制度、土地供应机制、住房市场机制和城市历史共同形塑了一个城市的居住隔离现状。

四　国内外城市融入相关研究述评

（一）国外外来人口城市融入研究

国外关于外来人口社会适应或融入的问题大都集中在外来移民身上，以美国这样的移民国家研究最为典型。总结国外关于迁移人口的社会适应的理论，主要有三种代表性的倾向，即“同化论”、“多元论”和“区隔融合论”。“同化论”强调外来人口或外来移民对迁入地主流文化的认同和对自己原来所持文化习俗价值观的抛弃，是一种单向度的融入，这种观点在讨论或评价移民的社会融入时，总是以迁入地社区居民为参照，移民在越高程度上接近迁入地居民，就认为他们的社会融入程度越高。代表人物有芝加哥学派的帕克，帕克所生活的年代正是大量移民涌入美国的时期，他所居住的芝加哥城也是如此。他和他的学生深入实地对芝加哥城市的外来族裔进行了研究，将不同族群之间的互动分为四个过程：相遇、竞争、适应和同化（Park，1950）。外来族群进入一个地方后发生了与当地人在各种资源上的竞争，接下来外来族群发生改变适应当地的环境，最后外来族群与当地人融为一体，完成同化进程。帕克认为，在外来移民同化过程中，移民社区起了非常重要的作用，移民依靠居住在同一社区的群体内部力量克服在迁入地的种种困难，适应新的环境。移民通过参与社区组织和社区活动从而参与到美国社会生活中去。帕克还提出了用来描述不同群体间密切程度的概念——“社会距离”，他认为，移民与当地人之间存在的社会距离和他们迫切希望融入当地的愿望造成移民处于一种边缘状态，这种边缘状态是同化和适应之间的一种过渡状态，对于移民来说，这种状态是让人感觉到痛苦和受伤害的。索维认为外国移民在接受国的社会融入要经历定居、适应和完全同化三个阶段（Sauvy，1966）；戈登从操作层面提出了社会融入的测量维度：文化接触、结构性同化、通婚、族群认同、偏见、歧视、价值和权力冲突（Gordon，1964）。以帕克、戈登等为代表的这种融合理论也被称之为经典社会融合理论，认为移民将向中产阶级融合，移民在迁入地是以中产阶级或主流社会为参照的。

如果说“同化论”者认为外来移民和本地居民之间有主从之分的话，那么“多元论”者则认为外来人口社会融入是一种双向的过程，多元文化论最初是作为一种政治主张被提出来的，目的是为了对抗长期以来占据统治地位的、以欧裔白人为中心的、具有明显种族歧视的同化论（杨菊华，2009）。应用到社会融入，指的是外来族群不一定要放弃自己的原有特质来顺从或适应本地族群，外来人口的社会融入过程实际上是两个族群交流互动，彼此都发生改变，相互接纳、相互适应，最后达到外来人口与本地居民的融合。“多元论”观点持有者认为在外来移民的融入过程中，不应该以牺牲外来移民的文化多元性为代价，应持一种文化平等的观点。

“区隔融合论”与“同化论”和“多元论”最大的区别是将外来人

口不再看成一个同质的整体，这一理论主要是在对美国第二代移民社会融入研究的基础上提出来的。在经过了第一代移民在迁入地社会的努力之后，为第二代移民奠定了不同的融入起点，在此基础上，第二代移民有可能面临不同的融入路径。具体来讲，可以分为三种：融合于主流社会；融合于城市贫困文化；选择性融合（杨菊华，2009）。融合于主流社会具有经典社会融合理论的特征，第二代移民在第一代移民奋斗所奠定的经济及社会基础上，进一步提升经济社会地位，最后融于主流社会；融合于贫困文化则表现出一种被动和无奈，因为各种要素的缺乏在迁入地社会陷入困境或沦为社会下层，与本土的社会下层融合；选择性融合更多地具有多元文化的特征，在某些方面融入主流社会的同时一定程度保留了原有的传统文化，可以概括为经济上和社会上融入但同时保持文化独立。

以上这三种社会融合理论产生于不同的时代背景，“同化论”产生于移民初期，主要用于解释第一代移民进入迁入地后的融入情况，由于这一时期的移民大都是为了寻求更好的生活或政治避难等原因而进行迁移，迁出地对于迁入地、以前的身份对于新的身份都是一种劣势或弱势，迁移的动机是摆脱原有的环境身份等，因而从移民本身来说，他们从内心也大都持单向融入的心理。同化融合论也是对社会融合理论贡献最大、发展最完备的，无论是理论层面还是操作、测量层面都有了相当丰富的成果，在现有的很多研究中，许多学者依然持这种观点。中国第一代农民工向城市的迁移与美国第一代移民在很多地方有相似之处，因而这种理论也是在中国外来人口问题研究中被借鉴和应用最多的。“多元论”由于更多的是一种思想争论和政治主张，在实际的学术研究领域影响并不是很大，在操作层面也没有发展出一些较好或较完备的测量指标，它的影响主要在政府的政策制定和计划实施，从理念层面强调保护弱势族群的文化习俗特征。“区隔融合论”的产生则反映了第二代移民产生内部分化的现实，从本质上来讲，“区隔融合论”并没有超出前两种范式的概括，只是将前两种范式分别应用于不同的移民群体，中国城市外来人口在经过第一代人的努力后，在第二代人身上也体现出区隔融合的特质。

（二）国内外来人口城市融入研究

国内的社会融入研究主要体现在外来人口尤其是农民工的城市融入

上。长期以来的城乡二元体制使得农村居民和城市居民生活于两种物理空间、两种制度体系下，也造成了城乡之间巨大的生产生活方式和社会心理差异。在这个背景下，外来人口由农村进入城市必然面临的一个首要问题而且也是重大问题就是如何适应和融入城市。

改革开放后，在社会流动的大背景下，外来人口的城市融入问题是一个引发国内许多学者关注和研究的主题，研究成果非常丰富，外来人口的城市融入，与之相近的表述还有“外来人口的市民化”、“外来人口的社会适应”、“流动人口的城市融入”等。但从理论方面来看，国内基本上都是在借鉴国外的社会融合理论，尤其是“同化论”的视角，并没有太大的突破，但在进行具体研究时，提出了一些在原有理论体系内更为具体的假设。梳理现有的关于外来人口城市融入的文献，可以发现现有的研究大概集中于以下几个方面。

第一，外来人口在城市的融入状况。如王春光（2006）用“半城市化”来表述流动人口在城市中的融入情况，他认为，流动人口的“半城市化”状态体现在缺乏完整的市民权（如流动人口社会保障权、子女受教育权不完整）、日常生活交往的“内卷化”（流动人口的交往圈局限于流动人口内部，与市民缺乏深入的组织性、情感性交往）和对城市社会的认同障碍与矛盾心理（流动人口对城市缺乏认同，对城市怀着一种矛盾心理，难以形成心理上的归属感）；朱力（2002）则认为农民工的城市适应仅仅停留在经济层面，在社会层面和心理层面的适应还需要一个漫长的过程，可能需要第二代人、第三代人才能完成；刘传江、周玲（2004）则用“边缘性”来描述农民工在城市中的生存状态，认为农民工在社会经济地位方面的边缘性表现在工作性质、居住分布、社会地位、社会心态四个方面，而且这四个方面的边缘性具有继承性的特点，边缘性通过代际传承在农民工子女身上继续存在，会形成更大的边缘性群体。

第二，外来人口城市融入过程。田凯（1995）和朱力（2002）都认为流动人口的城市融入包括三个层面：经济层面、社会层面、心理或文化层面。这三个层面呈依次递进，经济层面的适应相对比较容易，而社会层面和心理层面的适应则比较困难，可能在第一代人之内无法完成。马西恒（2008）通过对上海 Y 社区中新移民、本地居民以及社区管理者的访谈，认为新移民的城市社会融入可能依次经历二元社区、敦睦他者和同质认同三个阶段。在二元社区阶段，外来人口与本地居民在各个方面都截然不同，双方相互隔离而且处于比较对立的状态；随着外来人口在迁入地的稳定性和留居意愿的增强以及本地居民对外来人口对立情绪的降低，外来人口的城市融入进入“敦睦他者”阶段，作者认为敦睦他者是新移民城市融入的关键时期；新移民城市融入的第三个阶段是“同质认同”阶段，这一阶段，新移民获得城市居民权和居民身份，制度性的区隔不复存在，社会、文化层面的适应成为新移民融入的主要内容。杨菊华（2009）将流动人口的社会融合的进程概括为经济整合、文化接纳、行为适应、身份认同四个进程，认为这四个进程存在着一定的递进关系，后者是前者的更高层次，但在融入的过程中，这四个进程可以相互交织。

第三，解释外来人口城市融入的理论视角。关于外来人口城市适应的理论大致可以概括为社会资本、社会排斥和人力资本三个视角。①社会资本视角：项飚（2000）、渠敬东、刘传江等都注意到了社会资本或社会网络在外来人口融入过程中的作用，在外来人口社会资本研究中，大都用外来人口的关系网络作为社会资本的替代测量指标。如渠敬东（2001）认为农民工的社会网络以血缘、业缘和地缘关系为主，在性质上呈现出同质化的特征，这种特征并不会随着农民工进入城市而发生改变，从关系网络特征上来讲，他们属于“生活在都市里的村民”；刘传江（2004）则从农民工网络的规模、网络的密度和异质性以及网络中所嵌入的资源对农民工的社会资本进行考察，在实际测量的时候，运用的是边燕杰的“拜年网”，认为农民工在网络规模上低于城市居民，在网络密度上高于城市居民，同时存在社会资本结构不合理的情况，要促进农民工的市民化，其中的一个方面就是增强和改善农民工的社会资本。②社会排斥视角：李强、潘泽泉、江立华等分析了制度性和非制度性的社会排斥在农民工城市社会适应过程中的阻碍作用。李强（2002）认为，政策层面对于以农民工为主体的非正规就业的管制和排斥一方面对我国经济发展不利；另一方面也造成农民工在城市中各方面保障的缺失；潘泽泉（2004）认为，流动农民工在城市中的发展困境源于他们在城市建构社会关系网络中所遭受到的社会排斥；江立华（2006）将农民工在城市中的社会排斥分为经济排斥、政治排斥、社会网络排斥、社会保障和教育排斥、空间排斥五个方面，几个方面的排斥相互影响叠加，造成农民工在城市中就业的不利地位，同时也限制了他们和城市居民的交往，社会排斥使得农民工的边缘地位不仅在代内再生产，而且会产生代际再生产。③人力资本视角：人力资本视角关注教育程度及职业培训、工作经历对农民工城市适应的影响（赵延东，2002；曾旭辉，2004；王昺、梁晓，2003）。

除了以上这些关于外来人口综合性研究外，还有大量的学者从微观某一角度对外来人口的城市融入进行研究，如居住状况与融入、就业与融入、性别与融入、迁移距离与融入等。

随着外来人口的主体——农民工构成主体逐渐由第一代农民工向新生代农民工转变，越来越多的学者将关注点转移到新生代农民工的研究上，研究新生代农民工不同于老一代农民工的个体特征，并对两代农民工在城市融入上不同表现及影响因素进行对比。

综观上述外来人口研究的有关成果，可以发现这些研究大都来自社会学领域，在研究过程中大都使用的是社会学的经典理论和方法，很少有从空间角度对外来人口进行研究，对研究中涉及的空间问题一般都是存而不论或作为控制变量加以处理，这与社会科学传统的视角是一致的。

五 城市空间视角下的外来人口相关研究

随着地理学对城市空间研究的深入和社会科学研究城市问题同空间视角的引入，有很多学者开始将城市空间与特定群体主要是弱势群体研究联系起来，主要研究成果有：袁媛、吴缚龙（2010）对城市弱势群体城市空间剥夺的测量方法和指标进行了综述并构建了广州低收入群体空间测量指标；林顺利（2010）对比了保定城市贫困居民和其他群体在居住空间、生活空间和购物空间上的差异；刘玉亭（2005）利用人口普查资料分析了南京市贫困人口在城市空间的分布情况，并研究了他们在日常生活中与空间相关的活动。

而在社会学领域，研究者们更多使用了空间隔离这一概念来对弱势群体尤其是农民工的城市空间进行分析。例如，卢国显（2011）认为，空间隔离导致了农民工与市民之间社会距离拉大，这种隔离一方面为农民工提供了保障；另一方面不利于社会稳定；李志刚、刘晔（2011）从社会网络的角度分析了城市新移民聚居区的分异程度，认为新移民与城市居民的分异度正在逐渐降低，但移民与城市居民的隔阂依然存在，二者的融合还需要一个过程；还有研究者从文化空间的角度研究了农民工的城市融入问题（夏国锋，2011）；甘满堂（2008）通过对福州的调查，发现在城市改造过程中，农民工面临着从城中村向城郊村的迁移，这种迁移使得农民工居住边缘化和空间隔离愈加严重；雷敏、张子珩、杨莉（2007）认为流动人口的城市融入与外来人口和城市居民的空间隔离有关，通过改革二元户籍制度、将流动人口纳入城镇住房保障体系、实现混合居住等措施解决流动人口的住房问题，促进其与城市居民的社会融合；段成荣、王莹（2006）利用北京市1997年外来人口普查数据和2000年第五次人口普查数据，构造了流动人口居住隔离指数，指出城市流动人口与市民在居住地分布上存在着较高程度的隔离情况。

六 现有研究的局限及启示

（1）从现有的关于城市空间的研究可以看出，研究多集中于城市地理和人文地理学领域，这些研究仅仅关注客观的空间分异，而对空间分异带来的社会后果关注较少。本书将空间隔离与外来人口的社会融入结合起来，从社会学的角度进行研究，关注空间隔离的社会属性和社会意义，可以丰富城市空间的研究成果。

（2）在现有的研究中，针对某一时点人口空间分布的静态研究比较多，动态研究和比较研究少，为数不多的动态研究和比较研究所使用的数据也都是2000年以前的数据，不足以说明2000—2010年来外来人口的空间分布变化情况。

（3）现有的研究主要是针对东部一些城市尤其是北京、上海、广州这样的特大城市，关于西部地区的研究成果几乎没有。西安作为西北地区的一个外来人口聚集地，同时又是一个具有悠久历史的古都，在外来人口城市空间的分配上面临着其他城市所不具备的独特因素，对这一问题进行研究有助于弥补这类城市外来人口研究的不足。

（4）从方法上来看，大都用的是地理学中的因子生态分析法，利用普查数据对人口分布进行描述，这种方法使得研究者所提取的因子仅局限于普查中所涉及的指标。而且普查数据只能对人口分布做比较宏观的表面化的描述，事实上人口分布的形成及其变迁并不是简单的事，它的过程蕴含了丰富而生动的内涵。为此需要运用其他方法对此进行研究。

鉴于以上原因，本书将综合运用人文地理学、社会学、人口学的方法，对西安市外来人口分布及其变化从宏观层面（主要运用普查数据和因子生态分析法）和微观层面（主要运用实地调查数据，运用因子分析方法和回归分析方法）进行研究，比较十年来西安城市外来人口空间分布的变化，研究外来人口空间分布背后的社会意义，为解决外来人口的城市空间分配提供政策建议。

第三章 不同历史时期西安城市空间格局及空间隔离

每个城市都有自己独特的历史经历，城市历史的痕迹总会影响其现有的空间格局及空间分配，对于西安这样一个历史悠久的城市更是如此。本章将从历史的角度，对西安的城市空间格局变动及各个时期城市空间隔离状况进行简单描述分析，重点是社会转型后，也就是1978年以后城市空间格局的变化及不同群体的空间分布情况。

一 传统社会西安城市空间格局（1840年以前）

西安作为封建都城从西汉开始，但从汉代的西安城市空间布局来看，并没有表现出明显的刻意城市规划痕迹。西汉长安城并非一次规划修建而成，而是经过了历代皇帝不断扩展完善而后形成，城市布局更多的是“因天材，就地利”[①]，皇权和皇帝的威仪更多地体现在对宫城或宫殿的修建而非城市的空间规划上。现在通常看到的汉长安城图（见图3—1）是汉武帝时期的长安城，这一时期基本上形成了长安城的六宫九府、八街九陌、九市、一百六十闾里的空间布局。从空间分布上来看，宫殿和贵族的府邸及官署主要分布于南边，这部分面积占到了整个长安城面积的4/5（王社教，2000）；居民和手工业者则居于城北面积不大的区域。整个城市的大部分区域为统治者所占据，城市居民也多是一些为统治阶层服务的人员而非现代意义上的居民。从空间位置来讲，按照“仕者近宫、不仕

① 《管子·乘马》。

与耕者近门、工贾近市”① 的原则来进行分布，下层与上层分属于城市空间的两端，互相隔离。

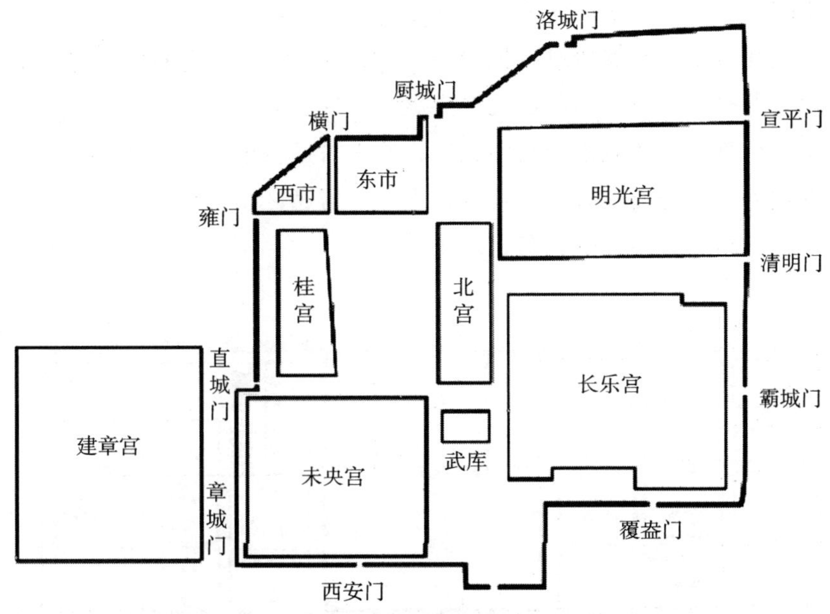

图 3—1　西汉长安城空间结构（唐晓峰，2011）

隋唐长安城则明显表现出与汉代不同的空间布局特征，更深刻地体现了《周礼·考工记》的城市规划思想，即“匠人营国，方九里，旁三门，国中九经九纬，经涂九轨，左祖右社，面朝后市，市朝一夫”。隋唐时期的城市规划更多是秩序的体现（见图 3—2），象征中央集权最高等级的皇权宫殿位于城市北部正中，围绕着皇宫的则是与中央集权统治相关的署衙机构区与体现礼制的相关建筑景观如太庙、社稷坛、孔庙、武成王庙等。在空间布局上，出现了明显的功能区划分，居住区与商业区界线分明，如唐代的商业主要集中的东西两市，居住区则集中于 108 坊，坊市分离。在居住空间分布上，呈现出阶层分离，坊与坊之间呈现出明显差异，如皇亲国戚、达官显贵多居住于皇宫东边靠近东市的坊里；而工商业者多居于东西两市附近；一般普通民众则居于远离权贵和富人的里坊，在建筑规模、规格和建筑形式以及配套设施上基于阶层等级和经济能力而呈现出不同的

① 《管子·大匡》。

特征。

自宋以后，西安不再作为都城，只作为地方性的统治中心，城市发展速度也缓慢下来，与隋唐的鼎盛时期相比衰落了许多。作为一般性的地方城市，其社会阶层与隋唐时相比趋于简化，同时，由于工商业和贸易的发展，唐时严格的坊市分离制度也被突破。体现于城市空间上，以往的那种对比鲜明棋盘格局的城市景观消失了，原来占据城市相当空间的体现皇权的宫殿被拆除，坊墙被打破，官署、市场、居民区相互混杂，不再具有明显界线，空间的分异程度也渐趋缩小。

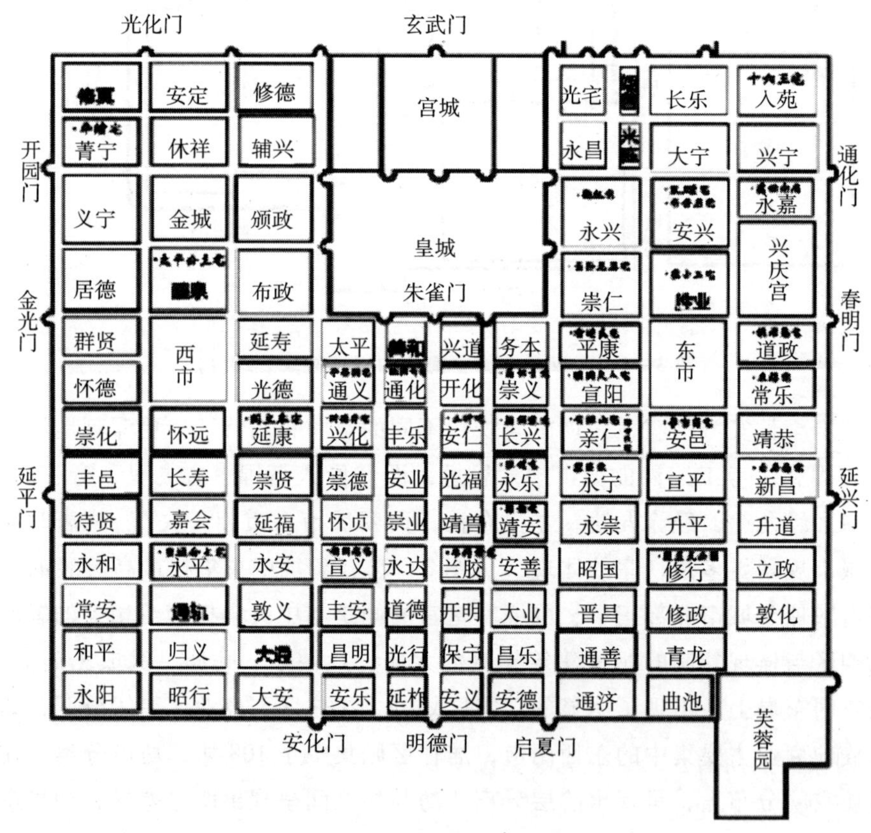

图 3—2 唐长安城空间结构

清朝初期，西安城市的主要功能为军事功能，体现在空间上的一个变化就是满城的修建。满城是清军进入西安后为了军事需要而建，主要居住的是驻防的八旗军及其家眷，在满城内部，职业为单一的军人，并不存在太大的阶层分化。除了满城，在城南也修建了用于军事防御的南城，由八旗汉人组成。除了满城和南城外，其余空间被称为汉城，主要居住的是汉民和西安历史以来人数比较众多的少数民族——回民，这样一来，整个城市被分成了三个部分：满城、汉城和南城（见图3—3）。在大的城市格局上形成因民族而造成的空间隔离，空间隔离主要集中于满族和汉人以及其他民族之间。

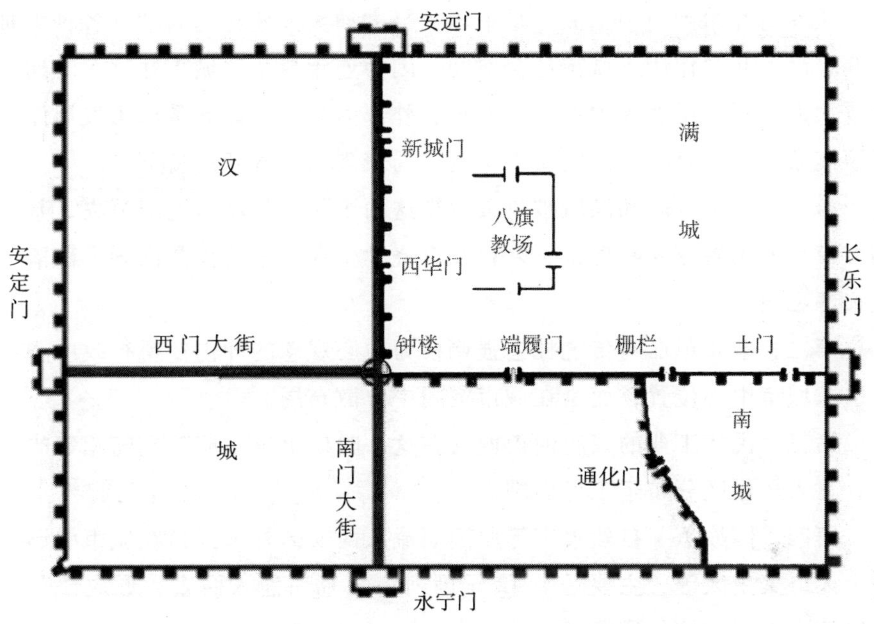

图3—3 清代时西安城市空间结构（吴宏岐，2000）

总的来讲，中国传统社会是一种家国一体、家国同构的格局，家庭、家族与国家在组织结构上有着共同性。在这样的社会里，个人被湮没于家族，而家族又被湮没于国家，国家对社会的统治完全是家长式的，对生活在国家内的所有民众来讲，只有臣民，没有市民。这种社会结构体现于城市空间布局上便是皇权的至高无上，皇宫占据着城市的中心，其余的人依照等级顺序依次向外排列，不同等级身份的人占据着城市的不同空间，并且有着严格的空间隔离，不得僭越，处于不同空间的人们也很少有深层次的政治、经济、文化、生活方面的交往和交流。在京城之下的州、府、县也都严格照搬了京城的空间布局模式，只不过在规格和规模上有所缩小。

在传统的中国社会，空间的社会意义是有等级价值的，在不同的空间里，通过政治、经济、宗教和地域文化的约束，使得一定的社会空间仅属于一定阶层或一定的人群（张鸿雁，2005）。

二 近代西安城市社会空间格局（1840—1948）

从晚清开始到新中国成立是中国社会大动荡大变化的时期，各种力量相互较量，共同作用于城市社会空间。因为连年战乱，城市在这一时期并没有太大发展，反而因内部力量不足、外部力量未入而导致城市发展停滞甚至衰败。这一时期，西安城市空间格局表现出一些新的特征。

第一，汉军八旗和满城被攻破使得这两个隔离的城市空间消失，基于满城带来的民族空间隔离也不复存在，侥幸生存下来的少数满族人散落于城市各个角落。

第二，辛亥革命对传统社会强调权力中心观念的冲击使得行政中心不再追求城市中心位置，而是在城市空间中分散布局。

第三，民族工业的兴起使得西安在这一时期出现了职住空间相邻的格局，工人居住区分布于工厂周围。

第四，因战争、自然灾害等原因而流入西安的外来人口在城市中形成外来人口聚集区等，主要是 1942 年因河南饥荒而涌入西安、形成铁路以北以河南人为主体的聚居区。

三 现代西安城市社会空间格局（1949—1978）

城市产业结构和产业布局对城市空间结构的形成有着直接的推动作用，传统社会时期，城市产业不发达，仅以简单的手工业和不发达的商业为主，这种产业规模对城市空间结构演进的推动作用是非常有限的，城市发展更多的是服从军事和政治的需求。工业革命后第二产业的发展所带来的巨大动力极大地加速了城市化进程，发展到现在，第三产业成为城市发展的后续动力。中国作为一个发展中国家，在城市产业发展过程中政府规划作用非常明显。

新中国成立后，西安开始了城市空间布局变化的新时期。这一时期，国家实行严格的计划经济体制，空间变化的动力更多的是来自于经济政策推动，是一种政治与经济合力推动下的空间变动。1954 年，西安进行了新中国成立后的第一次城市规划，将西安定位为工业城市，主要发展轻型的精密机械制造业和纺织业。这一时期西安城市空间的扩展和布局主要受国家大的产业规划影响，“一五”规划和“三线”建设时期一些事关国家安全产业的内迁对西安当时乃至今天的产业结构都有很大影响，如国家“一五”期间全国 156 个重点项目中有 17 个放在了西安，使西安成为这一时期发展的重点城市之一。国家的产业布局规划大大改变了西安原有的产业结构，第一、第二、第三产业比例由 1949 年新中国成立时的 60.32∶17.99∶21.69 转变为 1957 年的 20.06∶49.50∶24.44（王溪桥，2011），第二产业比重明显上升（见图 3—4）。“大跃进”时期和“文革”时期，城市发展有所停滞，但 1964 年开始的“三线”建设使当时的一些工业、国防的重点项目纷纷布局西安，这在一定程度上促进了这一时期西安工业的发展，西安现有的航天航空、电子机械、军事工业都是在这一时期奠定的基础。在功能分区理念的指导下，西安城市规划对城市用地空间进行了功能划分，如纺织工业位于东郊远离市区的地方，在近东郊区域主要是一些军工企业；电子工业位于西郊；南部主要发展文化教育产业；城北因为有大量的历史遗迹，暂时未进行开发，整个城市的工业产业主要集中于铁路以南城墙外围区域。

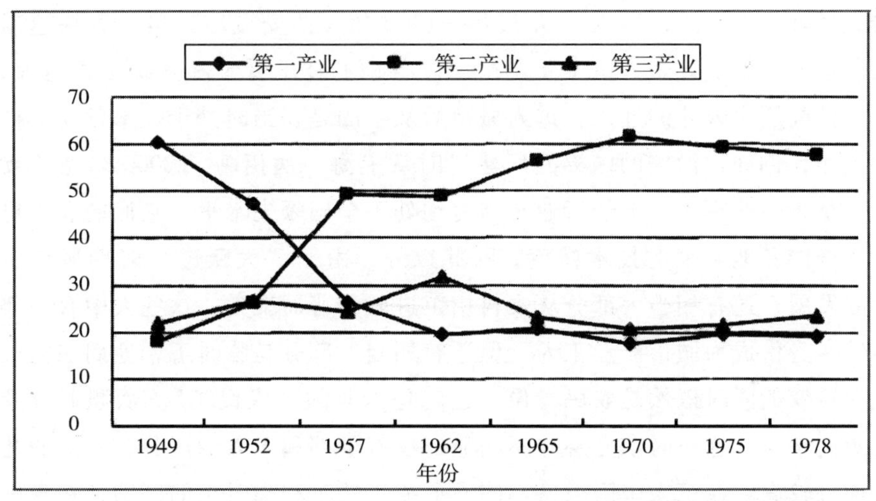

图 3—4　1949—1978 年西安产业结构变化（单位:%）（王溪桥，2011）

这一时期，国家出于经济管理和社会管理的双重需要，在城市产业空间和居住空间的安排上，大多采用的是单位制，职工住宅区分布于企业周围，公共活动也大都与单位安排相关，形成一种职业空间、居住空间和公共空间相重叠的格局，空间隔离与社会分化主要体现于单位或行业之间，这种职住一体的产业和居住格局是1978年以前中国城市社会的主要空间分布模型，城市空间格局是当时主流政治话语的空间体现。新中国成立后，废除了中国历史长久以来形成的阶级社会，政治意识形态上强调消灭资产阶级，实行无产阶级专政，在生产资料的拥有上强调人人共有，在消费产品的分配上强调平均分配，体现于城市空间上同样也是如此。在这种社会指导思想下，在城市中基于个人特质的空间隔离并不明显，隔离主要体现在单位与单位之间，整个城市由一个个的单位大院组成，形成有形的和无形的空间隔离。西安城市空间也是如此，新兴工业区主要由单位大院组成，除了新兴工业区以外，城墙内主要分布了为数不多的商业机构（比较大一些的有北大街商场、解放路百货商店、邮政大楼等）、原有的手工业作坊和居民住宅，形成商住混杂的空间格局。在生产为先的背景下，商业、零售业只承担了为人们生活提供必需品的功能，在城市空间上并不占据重要地位。

在城市人口结构和社会分层方面，这一时期由于城市工业的发展，使得大量外来人口进入西安，从1949—1960年，西安城市人口一直快速增长。这一时期的外来人口主要是由全国各地的技术骨干和熟练工人组成，是一种高层次人才的迁入，进入城市后从事的是在当时处于技术领先地位的工作，例如，西安的国棉四厂建厂时从上海一次招聘了2000名熟练女工。至于一些军工、电子行业在当时均处于全国领先水平，它们的职工更是从全国各地调来的技术精英。除此以外，由于“大跃进”时期城市工业的发展，还有相当一部分从农村招工进城的普通工人，这些人中有一部分转变身份成为城市产业工人，但还有相当一部分是临时工，他们在完成职业转变的同时依然是农民身份，也就是当时的“农民工”。从职业分层的角度来讲，这一时期分层并不明显，仅有干部和工人的区分，干部的社会地位较高。在工人中因身份不同而形成正式工和临时工的区别，在身份地位上，临时工的地位较正式工要低一些，他们一般从事的是一些比较辛苦、危险和低等的工作，在社会上也存在着对临时工的歧视问题，这从当时的一些报纸杂志的报道可以看出，如1956年的《中国劳动》杂志发表了《不要歧视临时工》的文章，列举了歧视临时工的一些现象。虽然这一时期也存在着一定的社会分层，但在整个社会物资比较匮乏的年代，这种分层在经济地位上的差别并不明显，大家在物质生活水平方面的悬殊并不是很大；相反的，政治身份对人们来讲更为重要，社会分层的标准更多的是政治分层。从城市空间分布来看，由于职住一体的空间管理模式，干部、正式工人、临时工这三类人在职业空间、生活空间及公共空间上几乎完全重合，并不存在明显的空间上的隔离。除了外地调入的技术人员和从农村招聘的普通工人外，这段时间西安城市人口的增加还有因高校规模扩大而招收的大量大学生，因为学生尚处于社会身份不确定时期，还未正式进入社会分层体系，因而在这里并不对他们进行专门论述。

总结1949—1978年这一时期西安城市空间结构的特点：城市规划的重点放在城市的生产功能上，在空间安排上表现出对生产空间的偏重和对生活空间的压缩，个人的居住、休闲娱乐、商业服务空间都被压到最低。单位制将整个城市分割成一个个相对独立的均质空间，单位内部因劳动分工形成不同的阶层，主要包括干部、工人和临时工，这三类人虽然在空间分布上呈现出重叠现象，但实际的空间环境却会因地位的不同而有所差异，如在工作环境、居住环境上干部要好于工人，而正式工人要好于临时工，但总体来讲差别并不是很大，临时工由于所处的弱势地位，他们对城市空间中位置的占据是不稳定的，在城市产业容纳不了过多的劳动力时，他们首先被挤出城市空间。从城市空间演变的动力机制来看，1978年以前的城市空间变化更多的是受到政治因素的影响，国家政权力量渗透到城市的每一个空间，人们的日常生活也被政治化了，政策因素决定了每个人在城市职业空间和居住空间中的位置以及在城乡之间的位置变动。

四　社会转型以来的西安城市空间格局（1978年至今）

自1978年改革开放后尤其是20世纪90年代以后，城市空间格局变化的动力来源变得多样化，各种力量的共同作用使得城市空间变动更快更复杂。

（一）产业结构与空间格局

1981年西安进行了新中国成立以来的第二次城市规划，规划期从1980年到2000年，这次规划将西安的城市性质定位为中国历史文化名城，强调在城市发展过程中的历史文化保护，在产业规划上，将重点放在轻工、机械、科教、文化、旅游几个方面。这一时期，西安的第二产业没有太大发展，依旧沿袭了原有的格局，但从全国的形势来看，由于国家政策向沿海地区倾斜和这些地区天然的地理位置优势，沿海地区迅速发展，而地处内陆的西安变得落后了，再加上国有企业本身的负担沉重、效率低下问题在这一时期开始显现，西安在新中国成立初期的工业优势地位不复存在。从工业空间布局来看，这一时期没有太大的拓展，只在城市的西南区建立了电子工业区，将原来“三线”建设时期位于郊县的一些电子工业企业迁入。此外，这一时期还规划了高新技术产业开发区和城北的经济技术开发区，但都还处于初步发展阶段。在工业产业发展速度趋缓的同时，第三产业有了一定程度的发展，三大产业比重从1980年的14.94∶59.03∶26.03转变为1990年的11.96∶43.04∶44.99；第三产业在1990年比重超过了第二产业；1995年，第三产业的从业人员也超过了第二产业，产业结构的变化对西安城市空间产生了明显的影响。如果说第二产业形成的是以厂房及周围工人住宅区为主的城市景观的话，第三产业则形成以商业贸易场所、办公楼、酒店等为主的景观，第三产业对城市空间结构的影响越来越明显，它在拓展城市空间的同时也使得原有的城市空间得以更新且变得更为紧凑。

1995年，西安进行了第三次城市规划，规划期为1995年到2010年，这次规划进一步将城市定位为外向型城市，在产业结构布局上将重点向第三产业倾斜，以商贸、旅游、科技为先导，优先发展高新技术产业，同时，对原有的传统优势产业如电子、轻工、机械进行改造升级。在国家住房体制改革的大背景下，西安这一次城市规划也明确地将发展房地产业写入城市规划。从产业的空间分布来看，在城墙内，以保护旧有城市风貌为主，同时发展商业、旅游、休闲娱乐产业，限制高密度的高层建筑；东部发展军工、纺织工业；西部发展电子工业；南部发展科教文化及高新产业；北部则主要是一些工业产业园区。在旧有的城市产业空间布局基础上，为了发展一些新兴产业和形成产业的聚集效应，西安市重点建设了四个开发区和两个产业基地，形成“四区两基地”的产业结构布局（见表3—1、图3—5），其中阎良航空高技术基地位于西安市区之外。

表3—1　　西安“四区两基地”产业布局

开发区	发展重点	产业特点
西安高新技术产业开发区	电子信息、生物医药、新材料、先进制造业等优势产业，做大做强通信、集成电路、软件三大特色产业集群	技术密集型 资本密集型 知识密集型
西安经济技术开发区	中高端装备制造业，重点发展汽车、机械电子、食品饮料、新材料等产业	技术密集型 资本密集型
西安曲江新区	重点发展以唐文化及休闲产业为主线的旅游业，建设以休闲娱乐为主题的大型游乐项目，以旅游景点的建设为龙头，带动其他相关产业发展	资本密集型 劳动密集型
西安浐灞生态区	重点发展会展、生态旅游、商贸、文化教育等产业，形成生态旅游区和会展集聚区	资本密集型 劳动密集型
西安阎良航空高技术基地	重点发展大型飞机，支线飞机，超轻型、轻型通用飞机等，研发制造航空发动机和航空新材料，生产机轮刹车、起落架等飞机零部件和飞行控制、航空电子、导航系统等机载设备	技术密集型 资本密集型 知识密集型
西安航天科技产业基地	重点通过航天特种技术应用、信息技术、新材料与新能源，计算机软件、装备制造业等产业发展，形成对区域经济具有带动作用的高技术产业集群	技术密集型 资本密集型 知识密集型

资料来源：西安产业发展白皮书，2008。

配合产业布局规划实施以及提高土地利用效率和改善城市人居环境等目的，2006年，西安开始实施“退二进三”政策，将原有的二环以内的工业企业搬离老城区，向工业园区集中或向城郊及周边县市分散，将置换出来的土地进行重新规划和开发，主要用于商业、旅游、居住用地，计划到2015年完成老城区及二环内和二环沿线所有工业企业的搬迁。在这些工业企业中，有很多都是原来的大型央企及省市国有企业、军工企业，如西玛电机、陕西重汽、中钢重机及3507厂、3511厂等原来的军工企业，这些工业企业的搬迁进一步打破了原来单位制下职住一体的空间格局，形成职住空间的分离。同时，利用地价因素重新调整土地级别，将原来的同心圆模式转变为片区模式，城市不同区域的土地价格不同，这也为城市空

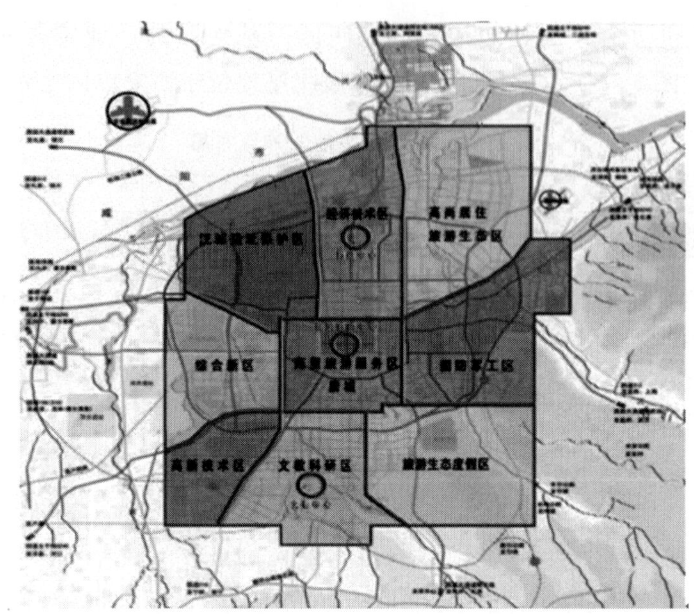

图 3—5 西安产业布局规划

资料来源：西安市规划局。

间分异或空间隔离埋下了市场基础。

（二）住房改革与空间格局

居住是一个城市最主要的功能之一，1933 年的《雅典宪章》指出城市的四大功能分别是居住、工作、游憩和交通，其中居住是最主要的功能，其他三个功能都从属于这一功能。居住用地在城市建设用地中所占比重最大（见图 3—6），而且对于形成城市景观和体现城市社会分层有着非常重要的意义。1978 年后对城市居住空间影响最大的因素除了产业结构布局调整以外就是城市房地产业的发展，房地产业虽然并不占据固定的城市空间，但会直接形成城市景观并对城市空间格局改变有着重要影响。

从 1978 年开始，国家在进行经济恢复的同时，开始着手解决城市居民的住房问题。由于长期的经济社会发展停滞、国家在住房问题上的政策缺陷及投资不足，到 1978 年末的时候，主要城市普遍存在住房短缺问题，城市人均居住面积仅为 3.6 平方米，而且居住条件非常差，住房改革迫在

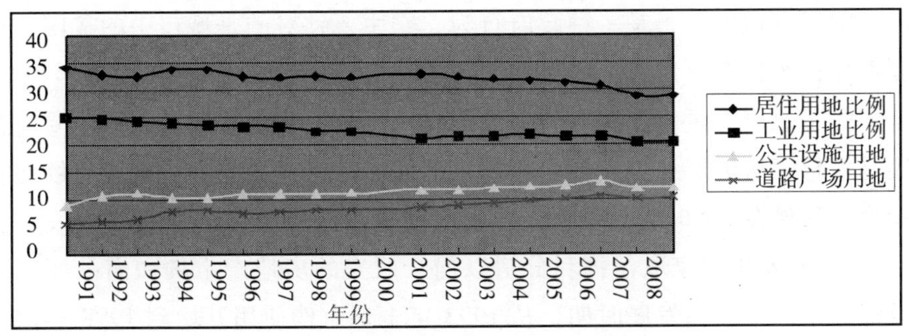

图 3—6　1991—2008 年全国城市各类主要用地比例（单位:%）

资料来源：根据《中国城市建设统计年鉴》绘制。

眉睫。1978 年和 1980 年，邓小平的两次讲话确定了此后中国城市住房改革的思路和方向，1980 年 6 月中共中央和国务院批转《全国基本建设工作会议汇报提纲》，正式提出实行住房商品化政策，"准许私人建房、私人买房、准许私人拥有自己的住房"（陈杰，2012），从制度上确立了住房改革的方向。从国家历年的房地产业和有关住房改革政策的方向来看，自 1988 年修改《宪法》，允许土地批租，鼓励发展房地产业以及住房制度改革一直到 2002 年进行房地产宏观调控，从国家层面一直是鼓励房地产业的发展。在国家大的房地产发展背景下，西安也开始了自己的住房制度改革。

从西安住房改革的历史来看，1978 年在恢复社会秩序后首先进行的城市建设便是城市改造和解决居民住房问题，这一时期城市改造的重点在恢复城市的历史风貌，而居民住房主要解决城市低洼地住房、危房和无房人员的住房问题。如西安市房管局 1979 年、1980 年、1981 年分别统建住房面积 13.3 万平方米、10 万平方米和 30 万平方米（《住宅科技》编辑部，1981），主要是老城区的低洼和棚户区改造。20 世纪 90 年代，"低改"依然是城市建设的一个重要内容，这时的改造项目主要有生产村、北洞巷、涝巷、德福巷、新兴村、保吉巷、迎春巷，等等，主要分布于城内莲湖、碑林、新城三区，而且多在城墙内，这与当时西安城市地域范围覆盖区域有关，这一时期西安城市的发展尚未突破老城区，除了一些位于郊区的大型单位以外，大多数老西安居民还住在明城墙以内的区域。低洼棚户区改造工作是西安市在改革开放后甚至持续到 21 世纪初的一项长期居住空间改造工程，是一种政府行为，它主要针对的是城市中的贫困和弱势群体，为社会下层人士提供和改善居住空间。

除了政府力量对住房空间格局的作用，西安住房状况变化的主要力量还是来自于房地产业的发展。相比东部沿海地区，西安的房地产市场起步较晚，虽然在1990年左右西安开始出现了由政府主导的商品房开发，但一直到1998年国家取消福利分房以前，西安的房地产市场和商品住宅建设都处于一个缓慢发展时期，从1993年土地有偿使用开始到1998年取消福利分房以前，西安共开发住宅项目200多个，资金大都来自国有和集体经济主体，开发的主要是一些土地无偿划拨时期一些党政机关和企事业单位获得的闲置或未充分开发土地，这些新开发住宅大都是在原有的空间格局下以见缝插针的方式穿插于老城区及二环以内区域，因而这时房地产业的发展并没有在多大程度上使城市空间向更大的范围扩展，只是使得原来的居住空间布局更为紧凑，土地利用趋于集约化。1998年，福利分房的取消大大刺激了房地产业的发展，房地产开发速度加快；1996年，西安竣工房屋为15435套；而从2000年到2003年这四年西安开发住房分别为36048套、29498套、28391套、23558套（西安统计年鉴，2004），增长速度大大加快。住房制度改革和福利分房政策的取消使得从市场获得住房也成为大多数西安人的主动选择或被动选择，仅1998年一年，个人购房面积就达101.08万平方米，占1990—1998年总购房面积的86.3%（邢兰芹等，2004）。这一时期房地产开发开始超出二环范围，向更大的区域扩展，高新区、经开区、曲江新区等新区域在开发时期引入了众多的房地产项目，围绕着这些新区也形成了新的居住空间。从图3—7可以看出，2003年时，大多数住宅项目还位于二环以内，仅在高新区出现一些商品住宅；2005年，高新区开发住宅明显增多，同时城北经开区、城南长安区开发项目也有所增加；2009年，明显形成了经开区、高新区、曲江新区以及长安区几大板块，同时，由于轨道交通的规划和建设，沿未央、长安南路这一中轴线上的住宅项目也明显增加；2011年世界园艺博览会在西安的举办大大刺激了浐灞生态区的住宅项目开发并提升了这一区域的地价等级，一直到现在，除了高新区基本开发饱和以外，这些区域都还依然是房地产开发的热点区域。

从整个城市的居住空间来看，呈现出了一定程度的空间分异，中低端

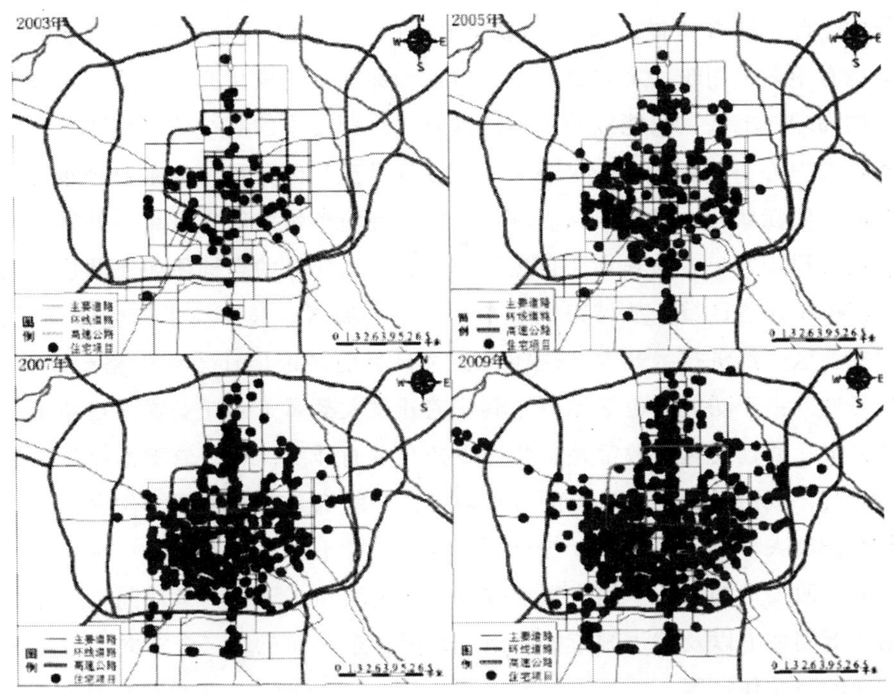

图 3—7　2003—2009 年西安住宅项目空间分布及变化（牛俊晴、吕园等，2011）

住宅主要分布于老城区和二环以内，老城区的这部分住宅包括两大类：一是历史遗留下来的民宅，其中有些部分是被划作历史保护对象，还有一部分是居住条件非常差同时也不具备保护价值的普通民宅，集中连片的就形成棚户区，这可能会是以后拆迁改造的对象；二是城区内原有的一些党政机关及企事业单位的职工住宅，大多建于 20 世纪七八十年代，多是五六层的低层住宅，限于当时的住宅设计，许多住房从配套设施和居住舒适度来讲，并不能特别令人满意。这些低端住宅从其本身价值来讲并不高，但它们所占据的城市区位却属于高地价区，因而总是面临着其他功能用地尤其是商业用地的入侵，在市场逐利、政府城市规划和居民追求良好居住环境的多重动力下，城市中心低端住宅的空间会越来越小，老城区的居民通过拆迁安置、低洼棚户区改造等项目逐渐向外围疏散，老城区的居住功能日趋减弱，取而代之的是商业用地的增加和商业功能的增强。二环内是居住空间的集中区域，各类级别的住宅在这个区域都有所分布，但从总量来看，以中低档为主，原有的单位住宅、安居工程以及普通商品房小区大多集中于此。随着“退二进三”政策的执行，工业企业退出后腾出来的土地也有很多被用于住宅项目开发，但这种穿插式的项目开发不可能形成连片的高端住宅区，只能以中低档楼盘为主。西安市的高端住宅主要分布在离城市中心和郊区均有一定距离的区域且呈现片区分布，如主要分布于高新区、曲江新区、经开区、浐灞生态区等环境较好的新兴区域。新兴区域土地面积较大，容易规划，自然环境幽美，大部分的高档住宅尤其是别墅都集中于这些区域。从城市地价来看，中心城区、高新技术产业开发区、曲江新区、经济技术开发区这四大板块是目前城市出让土地价格最高的。中心城区由于功能定位的原因，其住宅开发大都属于回迁安置项目和小户型公寓，回迁安置一般都是由政府委托开发商开发，然后分配给原住于此的居民，或由居民补足差价的方式购买，一般都是一些中低档住房，而小户型公寓大都是出租性质，住户不稳定，一般不将其纳入家庭住宅。这样一来，西安市的居住空间大致形成以中心内城和二环以内呈现同心圆分布的中低档住宅以及位于城市的西南、东南、东北和正北三个方向，呈片区分布的高端住宅区。

在城市居住形态中，还有一个不容忽视的特殊空间形式便是城中村，它是在中国快速城市化过程中城市地域扩展速度超过社会体制转化而产生的一种特有现象。城中村虽然从地域范围来讲，已经被纳入城市版图，但在管理体制和居民身份上，却依然保留了农村的方式，城中村村民获得住房的途径是在分配给自己宅基地上自建住房。他们除了通过自建住房解决自己的居住问题，还将多余的住房出租给其他人——主要是城市外来人口，在赚取租金的同时客观上起到了提供居住空间的作用。虽然在占地面积上来讲，城中村居住用地在城市居住中所占比例并不大，但在容纳城市人口上所起的作用却是不容忽视的。从西安市的情况来看，市内城六区有行政村共计 624 个，其中，人均耕地 0.3 亩以下的城中村 286 个，村民人口约 37 万人，其中二环以内行政村 72 个（西安市城改办，2009）。城中村居民除了本地农民外，大多数是外地来的农民工、大学毕业学生和城市新就业者，这些人的比重远远超过本地村民，因而城中村是一个以外来人口为主的特殊居住空间。城中村的特殊性决定了它不可能在城市中长期存在下去，随着城市化进程的推进，城中村必然面临着进行改造、并入城市的命运，城中村改造也几乎是所有大城市发展过程中的一项重要工作。

2002 年，西安市政府决定进行城中村改造；2003 年，《西安市城中村改造建设管理暂行办法》颁布，标志着西安城中村改造正式开始。到 2009 年 8 月，共完成 73 个城中村的整村拆除；2011 年底，共完成 133 个村的整村拆除；2012 年及今后五年还将要完成 85 个城中村的改造（《西安商报》，2012）。城中村改造在提升城市面貌、解决城市问题的同时也造成了大量外来人口的居住空间消失，外来人口被迫不断向城市外围迁移，每一个城中村改造都会带来大量租住在此的外来人口居住空间流动。在城中村改造快速推进的情况下，外来人口的居住空间变得更为不确定。例如，2009 年 8 月，雁塔区后村开始拆迁，涉及了居住在这里的 2700 多名城中村居民和 3 万多名外来人口。对于城中村居民来说，在改造完成之后他们便会分到相应的住房并回迁；而对这些外来人员来说，改造完成后的城中村将不再有他们的居住空间。在城市建设大刀阔斧进行的过程中，经常性的搬家已经成了外来人口生活中的一部分。

（三）社会分层与空间格局

1. 1978 年来西安社会阶层变化

新中国成立后到 1978 年以前，在政治意识形态和强调工农当家做主的背景下，中国社会关于社会分层的理解一直沿用的是官方所说的“两个阶级，一个阶层”的说法，即工人阶级、农民阶级和知识分子阶层，这种划分一直沿用到改革开放以前。改革开放后，经济主体越来越多元化，原有的“两个阶级，一个阶层”的划分方法已经不能适应新的形势，但鉴于阶级、阶层属于比较敏感的概念，这方面一直缺乏官方言论和学术界的研究。一直到 20 世纪 90 年代，关于中国社会的社会分层才成为学术领域的正式话语，李强、李培林、陆学艺等发表出版了一系列关于中国社会结构和阶级阶层的文献，此后，越来越多的学者加入到这一研究领域。其中影响最大并且也较为得到大家公认的便是“当代中国社会阶层结构”课题组提出的“十大阶层”划分方法，他们综合了职业、权威关系、生产关系、制度类型四大分类指标，将改革开放后中国社会划分为国家与社会管理者、经理人员、私营企业主、专业技术人员、办事人员、个体工商户、商业服务业员工、产业工人、农业劳动者、城乡无业失业半失业者十个阶层（陆学艺，2004）。

根据“当代中国社会阶层结构”课题组的划分方法，张永春等对西安的社会阶层构成情况进行了测算（见表3—2）。从表3—2可以看出，与全国的情况相比，西安在党政机关和社会管理层上的比例较低，而在办事人员、商业服务业人员、个体工商户阶层上相对较高，农业劳动者阶层低于全国水平。这说明，相对于全国范围来讲，西安市在第三产业就业人员比例较高，城市化水平高于全国。但与一些发达地区和其他城市相比，西安的阶层结构还是趋于偏低，如私营企业主阶层，在一些经济发达地区或城市，这一比例可达3%，专业技术人员阶层在一些经济发达的大城市中比例可达10%—20%，而在西安，这两者的比例分别仅为0.7%和5.2%。

表3—2　　西安社会阶层构成

单位：万人、%

社会阶层	西安		全国
	人数	百分比	百分比
党政机关和社会管理层	3.2	0.4	2.1
经理人员阶层	12	1.6	1.5
私营企业主阶层	4.9	0.7	0.6
专业技术人员阶层	38.2	5.2	5.1
办事人员阶层	80	10.8	4.8
个体工商户阶层	54	7.3	4.2
商业服务业人员阶层	107	14.5	12
产业工人阶层	160	21.7	22.6
农业劳动者阶层	264.5	35.8	44
行业失业和半失业阶层	15	2.0	3.1

资料来源：根据张永春等《从社会学视角探析和谐城市的社会分层——以西安社会分层为例》一文中数据绘制。

除了张永春对西安阶层构成的研究外，历次的人口普查也为我们提供了这方面的数据。本书主要用职业作为社会分层的指标，职业是教育水平、社会声望、经济地位、收入水平等内容的一个综合反映，因而世界各个国家在测量社会等级时基本上都将职业作为一个重要指标。在我国历次的人口普查中，将现有职业共分为六个大类，分别为国家机关、党群组织、企业事业单位负责人；专业技术人员；办事人员和有关人员；商业服务业人员；农林牧渔水利业生产人员；生产、运输设备操作人员及有关人员，这些分类只包括了当前正式就业人员，一些在校学生、无工作者、离退休人员、料理家务者不被包括在内，但人口普查数也提供了这方面的数据。本书只对当时处于职业分类体系中的 15 岁以上从业人员进行考察，将西安市从 1982—2010 年社会阶层划分如表 3—3 所示。

表 3—3　　1982—2010 年西安市①社会阶层变化

单位：%

项目 \ 年份	1982	1990	2000	2010
国家机关、党群组织、企业事业单位负责人	2.51	3.09	2.48	4.87
专业技术人员	8.84	9.84	10.69	18.80
办事人员和有关人员	2.50	2.99	5.80	10.42
商业服务业人员	6.05	7.59	14.16	42.00
农林牧渔水利业生产人员	55.65	55.41	49.14	4.45
生产、运输设备操作人员及有关人员	24.37	21.00	17.69	19.28
不便分类的其他人员	0.08	0.08	0.05	0.19

资料来源：根据历次人口普查西安统计数据计算。

从表 3—3 可以看出，专业技术人员、办事人员和有关人员以及商业服务业人员在总人口中的比重呈上升趋势，而农业从业人员和生产、运输设备操作人员则呈下降趋势，这与整个城市化进程相一致，随着城市化进程的推进，社会对专业技术人员的需求呈现扩大化趋势。城市化进程带来的另外一个后果就是第三产业比重的上升和第一、第二产业比重的下降，商业服务业人员比例的上升和农业及生产、运输设备操作人员比例的下降也说明了这一点。

在所有的这些阶层中，我们关注的是外来人口属于哪个阶层，由于人

① 这里的西安市包含了市辖县及所辖县以下的农村地区，因而农林牧渔水利业生产人员的比例较大。

口普查数据在社会阶层的分类中没有专门对外来人口进行分析，因此，无法直接看出外来人口这一时期所处的社会地位阶层。但从大量的对外来人口的研究中可以得知，外来人口大多分布在制造业、建筑业、服务业、批发零配售业，对应在人口普查的职业分类体系，主要是商业服务业人员和生产、运输设备操作人员这两类，可以看出，（除去农林牧渔水利业生产人员，因为数据包含了西安下属的县及县以下的农村地区）外来人口在整个职业分层体系中处于较低的位置。

2. 不同阶层空间分布

王兴中曾利用1990年第三次人口普查数据和住宅资料抽样对西安市的阶层空间结构进行了研究，通过因子分析，将西安居住区划分为五大类：人口密集混合居住区主要分布在旧城区和城东的一部分区域；干部居住区主要位于一些大单位，镶嵌于城区，从整个城市空间来讲，紧挨着旧城区外围呈环形分布；知识分子居住区主要分布在城南友谊西路以南高校集中区域，与高校分布区域一致，属于职住一体的单位制社区；工人住宅区分布于城东和城西以老城区为中轴呈现对称分布；边缘混杂居住区主要是城市的城乡接合部，人员构成比较复杂，包括本地从事非农产业的农业人口以及大量的外来人口（王兴中，2000）。王兴中是第一个系统地对西安阶层空间分布进行研究的学者。虽然王兴中的研究具有非常好的理论和现实意义，但所用的数据为1990年普查数据，毕竟距离现在已经有20多年的时间，而这20多年正是西安市城市空间变化拓展最为剧烈的时期，因此，当时的论断可能与目前的情形有所出入。在王兴中之后，程丽辉（2004）用收入作为社会分层的衡量指标，运用抽样方法对西安市的十个社会区域收入状况进行抽样调查后得出结论，认为：西安市的高收入阶层主要分布在西南郊和东南区域，这两个区域以电子高新产业和旅游观光业为主，居民年龄较轻、文化程度较高；中等收入阶层分布在南郊，以文化教育产业为主；而中低收入者主要分布在东郊的纺织产业、老城区商业混杂社区及铁路以北的混杂社区；低收入阶层分布在西郊电工机械单位社区、西北仓储区、东北重型机械区及郊区城乡接合部，见图3—8。

为了更进一步从空间层面上了解西安市阶层空间分布，以下将分别利用2000年和2010年人口普查数据从行政区层面上用职业和区位两个指标构成的矩阵，来考察不同职业人口在城市空间的分布情况。

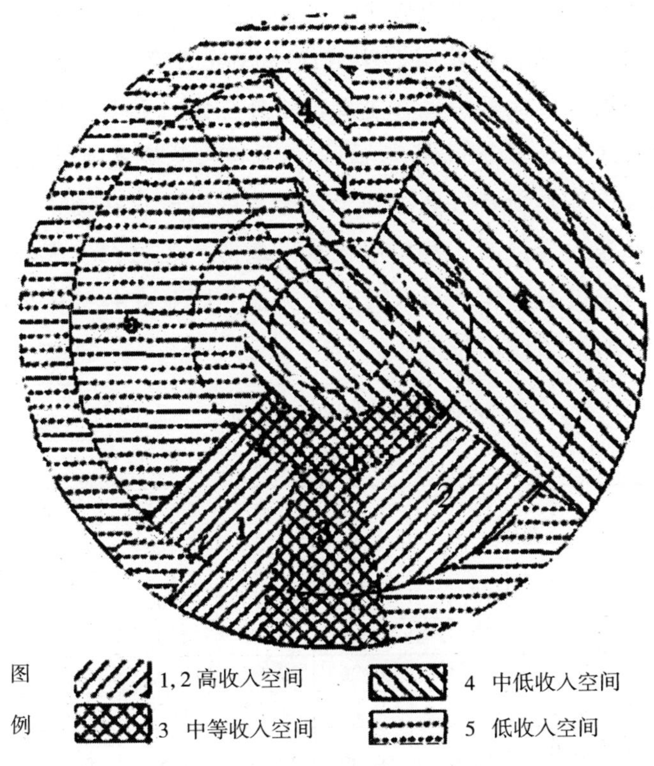

图 3—8　西安收入空间结构（程丽辉、王兴中，2004）

从表 3—4 可以看出，新城、碑林、莲湖城内三区国家机关、党群组织、企业事业单位负责人的比例较高。这与 2000 年时西安市主要行政中心区位有关，省政府位于新城区、市政府位于莲湖区、市委位于碑林区，此外还有一些与政府机构有关的行政事业单位及其下属部门均位于这三区，导致这些区域国家机关负责人比例较高。从专业技术人员的区位分布来看，以碑林区和雁塔区为最多，分别占到本区职业人口的 30.28% 和 22.66%，其中碑林区是西安市重要的文教和科研区域，集中了西安交大、西工大、西北大学等 10 多所大中专院校，20 多个科研机构，而雁塔区更是集中了西安的大部分高校，形成以教师为主体的专业技术人员在这一空间区域的集中。另外，高新区的大部分位于雁塔行政区范围，这个区域的企业以高新技术企业为主，形成工程技术人员在这一空间区域的集中，这两个因素导致了专业技术人员在这一区域的总人数最多，占职业人口的比例也较高。办事人员和有关人员以及商业服务业人员在城内三区的比例较高，这与这一区域的第三产业发达有关。农业从业人员在城三区比例极低，主要位于外三区，尤其以灞桥区为最多。在西安所有区中，城三区是老城区，基本上已经实现了完全城市化；未央区和雁塔区是新开发区，处于快速发展阶段；在这六区中，唯有灞桥区是发展最为缓慢的，其城市化水平最低，还存在着大量的农业人口。生产、运输设备操作人员及有关人员这一职业在各区的分布较为平均，并无明显的空间区位特征。

表 3—4　　2000 年分区人口职业空间分布

单位:%

	新城区	碑林区	莲湖区	灞桥区	未央区	雁塔区
国家机关、党群组织、企业事业单位负责人	5.86	6.58	5.80	1.59	3.06	4.11
专业技术人员	17.69	30.28	19.10	7.00	12.12	22.66
办事人员和有关人员	12.92	17.68	14.21	4.07	7.39	11.96
商业服务业人员	33.38	26.26	29.80	10.95	18.59	24.80
农林牧渔水利业生产人员	0.24	0.22	1.58	51.79	29.27	10.71
生产、运输设备操作人员及有关人员	29.91	18.98	29.50	24.61	29.57	25.76
合计	100	100	100	100	100	100

资料来源：根据 2000 年人口普查数据计算。

表 3—5　　2010 年分区人口职业空间分布

单位:%

	新城区	碑林区	莲湖区	灞桥区	未央区	雁塔区
国家机关、党群组织、企业事业单位负责人	4.44	2.09	6.78	3.16	6.41	5.20
专业技术人员	18.78	29.12	20.20	10.70	16.40	21.97
办事人员和有关人员	11.26	19.44	10.91	4.91	11.10	10.30
商业服务业人员	48.27	38.12	43.80	36.85	40.40	45.27
农林牧渔水利业生产人员	0.15	0.48	0.37	15.95	0.73	0.51
生产、运输设备操作人员及有关人员	17.10	10.76	17.95	28.43	24.96	16.76

资料来源：根据 2010 年人口普查数据计算。

对比 2010 年和 2000 年的分区职业人口空间分布（见表 3—4、表 3—5）发现，新城区、碑林区国家机关、党群组织、企事业单位负责人比例明显下降，而未央区这一比例显著上升，这与陕西省和西安市行政中心北迁至未央区有直接关系。专业技术人员的空间分布没有太大变化，依然以碑林区和雁塔区比例为最高。办事人员和有关人员空间变化也不太大。但从商业服务业人员占本区职业人口比例来看，均有大幅度提升，与此相对应的是生产、运输设备操作人员比例的下降。这说明在 2000 年到 2010 年间，西安市的产业空间布局有了很大的调整，城六区的产业结构明显由第二产业向第三产业转变，产业结构转变对人口阶层空间分布变动的影响巨大。

五　本章小节

本章从不同的历史时期分析了西安市的空间变动格局，传统社会时期，西安城市空间分布体现出很强的身份等级隔离特征，空间隔离主要体现在皇室、官、民之间；近代时期的城市空间格局主要受到民主观念、城市空间的等级秩序影响不如传统社会那么明显，同时，受到民族工业发展和战争而涌入的难民的影响，一定群体在城市空间上形成了区域的聚集特征。

新中国成立后，西安城市空间格局表现出了新的特征。在 1978 年改革开放以前，城市空间主要受到单位制的影响，空间隔离表现在不同单位之间，整个城市由一个个单位大院组成的独立小空间构成，由于社会总体物资的匮乏和强调平均分配的思想，在城市中并未形成纵向的社会分层空间。改革开放后，影响城市空间格局的力量变得多样化，主要来自产业结构和产业布局调整、政府城市规划和个人付租能力与择居意愿，在三者的共同作用下，空间格局也变得多样起来，空间的社会分层特征也越来越明显。

第四章　西安市外来人口城市空间演变

本章主要是对西安市历史上的人口迁移及外来人口空间分布状况进行简单回顾，重点在于利用2000年和2010年人口普查数据对外来人口的空间隔离状况进行分析并将这十年隔离状况的变化情况进行对比。通过这种分析和比较，可以从整体层面上对外来人口在西安的空间分布状况及与城市居民的空间关系有一个比较全面的了解。在此基础上，分析外来人口空间格局形成的动力机制。

一　2000年以前西安外来人口基本状况

（一）历史上的西安人口迁移（新中国成立以前）

为了了解西安市外来人口产生的历史背景，首先对历史上西安的外来人口进行简单的回顾与梳理。西安从周开始作为都城，当时称为镐京，人口约有5.5万人。《诗经·周颂》记载，周成王时，播种一次出动劳动力达2万人，可见当时西安的人口已经有了一定规模。秦商鞅时期，制定了“徕民”政策，吸引外来人口进入秦国。秦朝建立以后，秦始皇“徙天下豪富于咸阳十二万户”，可以说是中国历史上第一次大规模的人口迁移，到秦始皇三十五年（公元前212年），“徙三万家丽邑”[①]（丽邑为今西安临潼区）。除了迁移人口外，这一时期修建秦始皇陵、阿房宫等工程从全国各地征集了大量的民夫，历史记载有72万人之多，形成了当时一个特殊的西安外来人口群体。但秦统治时间不长，随着秦朝的灭亡，这一群体也很快消失了。

---

① 《史记》卷6《秦始皇本纪》。

西汉初年，经过战乱，西安原有的人口大量死亡或逃离，秦始皇“实关中”的成效几乎完全消失（葛剑雄，1993），高祖七年（公元前200年）汉从丰县移民万户定居于新丰（今西安临潼境内）。汉高祖九年（公元前198年）迁徙故齐、楚贵族田、昭、屈、景、怀五姓和豪强10万余户于关中。[①] 仅西汉一朝，从关东迁入关中的人口近30万，至西汉末年，关中的关东移民后裔有121.6万人（葛剑雄，1993），这一时期的人口迁移多是社会上层人士的迁移，迁移的途径是行政强制手段，虽然也有经商、求学、逃亡、归降而移居西安的外来人口，但所占比例极小，自愿移民在这一时期的迁移人口中所占比例较小。

东汉迁都洛阳，西安对外来人口的吸引力下降，甚至原有的居民也向外迁移。公元140年，西安人口较西汉元始二年（公元2年）减少72.09%。[②] 东汉末年，西安人口有所回升，但初平三年（公元192年）长安大乱后，关中有数十万难民迁到江苏徐州，另有数万户进入四川，到兴平二年（公元195年），“关中无复人迹”（葛剑雄，1993）。自十六国至南北朝的280多年间，北方人口大量南移，匈奴、鲜卑、羯、氐、羌等古代少数民族迁居关中，形成了一种梯级迁移模型，但总的来看，人口规模下降。前秦建元六年（公元370年），迁徙燕地和关东民4万户于长安，西安人口规模有所恢复。[③] 总的来说，这个时期的中国战乱频仍，西安尤其受到重创，人口变动以战争死亡、饥饿死亡、逃亡为主，迁移的方向以向外迁移为主。

隋唐时期，西安作为都城，人口再次达到鼎盛。隋朝时，京兆人口大幅增长，除去京兆包含的其他郡县，属于今天西安地域的人口约为579900人（西安人口网，2007）。唐代时，李世民将“增户减户”作为官员的一个考核标准，西安地区人口迅速增加，公认的说法是“长安人口达百万”。这百万人口中有很大一部分是外来人口，唐代的西安可以说是当时世界上少有的几个国际性大都会之一，其经济、政治、文化方面的繁荣吸引了大量的外来人口来到这里。宁欣（1998）认为，唐代时期的

---

① 《汉书》卷1《高帝纪》。

② 《西安市志》第1卷《总类·人口志》。

③ 《西安市志》第1卷《总类·人口志》。

长安流动人口包括如下几个部分：举子和待选官吏；士人；地方进京使臣或使团以及驻京机构人员；皇室、军队、政府机构的物资生活资料保障人员及服务人员；商人、手工业者；建造都城的民夫和手工艺人；短期进京的探亲家属；外国商人、使团、留学生、游方僧道等，其中有很多人是长期定居于此。安史之乱后，西安人口急剧减少，唐末期的五代十国战争不断，西安人口继续减少。到天祐元年（公元 904 年），唐昭宗迁都洛阳，拆除长安房屋，将百姓一并迁走，长安更是遭到毁灭性破坏，虽无具体这时期的人口数据，但从一些文献中可以看到这时期关于长安的描述为“几成空城”。概括地说，这时期的西安城市人口以增长为主流，经过隋唐时期的长时间稳定以及西安的国际化大都市地位的确立，大量的外来人口进入西安，这时期人口迁移以向内迁移为主，迁移的动力多为城市的拉力作用，人口迁移属于在城市吸引力作用下的自愿迁移。

宋代以后，西安失去都城地位，人口规模较唐朝盛世时期有所下降。宋初，经过长年战乱全国人口数量减少近一半，西安人口同样如此。北宋中后期，人口数量有所回升，公元 989 年，今西安境内人口大约为 86900 人；公元 1080 年，今西安境内人口约为 243500 人（西安人口网，2007）；公元 1102 年，今西安境内人口约为 366600 人，人口数量有了大幅度增加，但比起盛唐时期，人口还是减少大半。这时期西安的人口增长以自然增长为主，失去都城地位的西安，对外来人口的吸引力也大大下降。

元明时期，西安人口并不是很多，到了清代，才有了大幅度增长。乾隆四十三年（公元 1778 年），西安府辖 15 县、1 散州，人口 2423368 人，较明代最高的人口数高出 53.46%（西安人口网，2007）。但值得注意的是这时期的人口增长有一个重要的原因是人口政策造成的，公元 1712 年康熙实行“摊丁入亩”政策，宣布“滋生人丁，永不加赋”，人丁不再作为赋税征收单元，人口统计中的瞒报现象大大减少，同时这一政策也有刺激生育的作用，也导致了清代西安人口增长。虽然清代西安人口呈增长趋势，但与全国情况相比，西安已经失去了历史上的辉煌地位，成为封建王朝的一个边陲城市，由原来的经济、政治、文化中心成为以军事功能为主的边防城市。清朝初期，西安移民主要来自驻防的军队人员、家属及相应的服务人员，如清代西安驻军在城内修建的满城和南城，其中满城为清一色的满族八旗兵，因而客观上也是一种民族移民。清代西安与全国相比，属于比较落后地区，南方和东部的发展已经远远超过西北，不存在大规模的向西安的移民，少数的移民主要以自发移民为主，多为开荒移民，如咸宁县（今西安市东）境“滩地多于长安，回乱后，屯军、客佃开辟沮枷，远方末耜来者日众”①。今天的蓝田县外来开垦移民较多，这也说明经济政治中心转移后的西安已经成为落后地区，原来富庶的关中地区需要移民重新开垦，这时期的移民主要来自一些南方经济发达地区，如周边的四川、湖北、山东等地，属于“经济开发型移民”（薛平拴，2001）。除了迁入人口以外，因为某个特定时期自然灾害、社会动乱还存在着人口的向外迁移，如同治元年（公元 1862 年）的太平军入陕和光绪初年的陕西旱灾都导致人口的向外迁移，形成战争和灾害流民。但总的来讲，西安在明清时期的人口以增长为主要态势。

民国元年（公元 1912 年），西安人口约为 1271662 人（据《民国年间今西安市境各县人口统计表》计算）；1924 年达到 2072445 人。接下来的十余年，西安经历了 1926 年的“围城之役”、1928 年的陕西全省大旱、1932 年关中霍乱，大量人口死亡或逃亡，人口急剧下降，1933 年人口为 1612209 人；1935 年仅为 1078873 人，为民国时期的最少人口。从 1936 年开始，人口又有所回升，主要原因是 1936 年陇海铁路的修通促进了西安经济发展，吸引了大量外来人口。另外，抗日战争爆发后，西安处于相对安全的内地，很多工厂西迁，大量难民涌入西安，尤其是河南 1942 年灾荒造成的大量难民沿陇海铁路进入西安，形成了一个独特的道北河南人聚居区，这些都使得西安人口在 1936 年以后迅速增加。这一时期，西安的人口增长主要是因为经济发展和战争带来的流民迁入，人口下降则主要是因为战争、灾荒、瘟疫原因。在民国时期，西安人口总的呈现先减少后增加的变化态势。

（二）新中国成立后到改革开放前西安人口迁移变化

新中国成立后到改革开放前，西安的人口迁移变化可以分为两个阶段：

第一阶段为新中国成立后到 1960 年。这个时期为全国经济恢复发展

① 民国《续修陕西通志稿》卷 31《户口志》。

时期，国家执行第一个五年计划，西安是这个时期国家的重点工业基地之一，兴建了大量的工厂，出于国家安全的考虑，将内地的许多工厂尤其是一些涉及国家安全的军工企业或国家重点项目企业迁入西安，伴随这些新建和内迁的企业进驻西安，大量的职工也迁移至此。从图4—1可以看出，这个时期是西安人口的快速增长期。全市人口从1949年的227.3万人增加到1960年的366.7万人，增加了61.3%，其中市区人口从1949年的397553人增加到1960年的1285075人，增加了223%。大部分是来自于迁移增长，1956年和1959年迁移增长分别为87360人和104800人。第二阶段为1961年到1976年。虽然1960年以前西安的人口总体上呈现增长趋势，但实际上从1956年开始，国家就开始出台一系列限制农村人口向城市流动的措施，但那个时候还没有形成严格的管制，只是以指示或通知的形式号召地方执行。1958年1月，《中华人民共和国户口登记条例》颁布，从此，乡村人口向城市的流动几乎被完全堵死。1958年西安人口总体仍为增长，如市区人口从1957年到1958年增长了近5.9万人，但从人口迁移数量及方向来看，以净迁出为主，1958年西安迁出人口为35592人。1958年1月国家户口登记条例颁布；2月，西安市政府发出《关于紧缩城市人口的通知》，当年动员返乡人员共计7.9万人，其中灾民、农民3.22万人，临时工2.4万人，职工家属2万人（西安人口网，2007）。从返乡人员的构成可以看出，主要以农村进城的临时工为主，他们是第一批被遣返的，除此以外，还有城市里的闲散人员和无固定工作者以及因为灾荒而流入城市的农民，这些人都属于当时城市中的弱势群体，在城市产业和人口政策调整时，他们是首先受到冲击和首先被牺牲的。1959年，由于“大跃进”，城市人口再度增加，1959年全市人口增加了147620人，其中无户口人员82468人，当年动员返乡67398人（西安人口网，2007）。可以看出，1958年到1959年，西安人口迁移呈大规模的无序特征，短时间内的快速流进流出，一定程度上造成城市社会秩序的混乱和社会不稳定。1961年到1963年为三年困难时期，西安人口增长为负增长，这三年间，西安人口向外净迁移数量分别为91153人、91365人、3339人，主要是因为工厂停工精减人员造成。另外，由于知青下乡、干部下放、精减职工和下放城镇居民导致城市人口向农村的净流出，如1966年人口净流出为5458人；1969年、1970年分别为35431人和14713人。总的来讲，西安人口总量在1961年到1977年这段时期为缓慢增长时期，但从迁移人口来看，以人口的向外迁移为主，根本原因是城市经济发展停滞，无法容纳大量的城市人口，为了解决这一问题，国家通过强制性的手段将城市人口迁往农村，另外，还有大量的干部下放是因为政治动乱原因被流放到农村进行劳动改造。

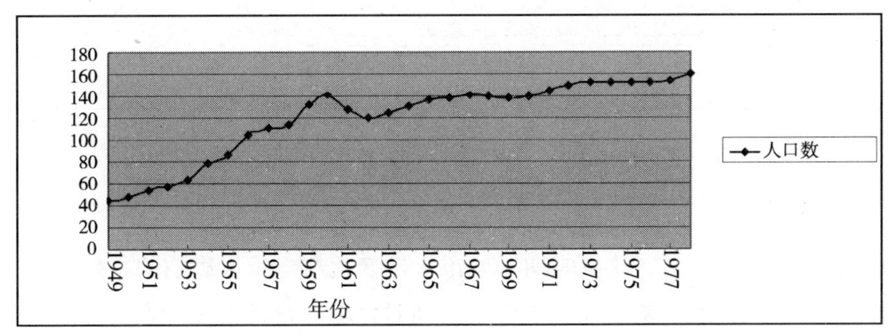

图4—1　1949—1977年西安城市人口变化（单位：万人）

资料来源：根据西安统计年鉴数据绘制。

（三）改革开放后到2000年西安市人口迁移变化

1978—1990年西安市人口呈缓慢增长态势，整个西安行政区辖区人口从1978年的498.1万人增加到1990年的617.95万人（见图4—2）。其中市区人口增长较快，与1960年到1977年以前市区人口迁出大于郊县的情况相比，1978年以后，市区人口增长明显高于郊县，尤其是城内新城、莲湖、碑林三区增长最为迅速；其次为郊三区。郊县人口增长缓慢，甚至在1978年到1990年这13年中，西安行政辖区内的郊县人口有7个年份呈现负增长，这在一定程度上说明从1978年以后，城市化速度加快，人口开始向城市中心聚集，尤其是在1990年，市区人口增长最多，同时，郊县人口迁出也为最多，说明西安人口迁移呈现出近郊转移特点，城市人口的增加主要来自西安近郊。西安作为西北地区的一个内陆城市，在改革开放初期与沿海城市相比还存在着很大的差距，甚至于在20世纪90年代早期，西安仍然像一个放大了的县城，在对外来人口的吸引上远不如沿海城市，所形成的也只是一个区域人口中心，城市化过程中城市人口的首要来源是市辖区内的郊县农村人口。

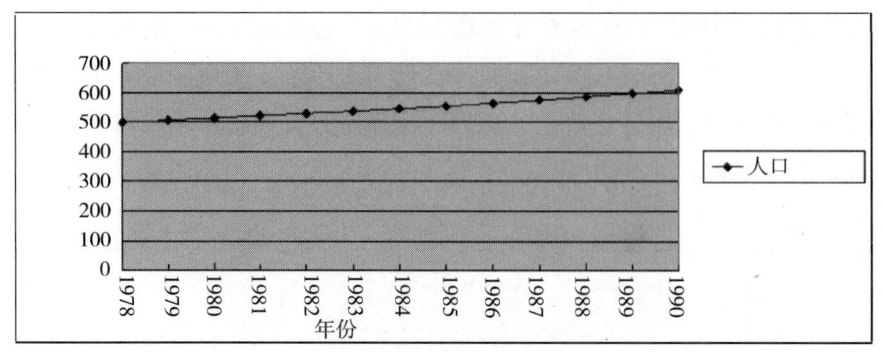

图 4—2 1978—1990 年西安人口变化（单位：万人）

资料来源：根据西安统计年鉴数据绘制。

除了迁移人口外，这一时期对城市人口变化产生重大影响的是外来人口群体。迁移人口指的是在人口中流动的同时伴随着户籍的迁移变化，迁移人口直接转化为城市市民，而流动人口则是脱离户籍所在地到其他地方务工、经商或投靠亲友的人口，在发生人口地理位置迁移的时候并没有伴随户籍的变更。1983 年以前，西安市（含郊县）全市每年流动人口约 3 万多人。1987 年后急剧增长。1989 年在上海举行的“流动人口问题研讨会”认为西安市区流动人口约 50 万人，除去过往旅客，西安市流动人口约为 34 万人。1990 年第四次全国人口普查数据表明西安市除去过往旅客的流动人口数 223698 人，扣除流出人口数 12992 人，可以得知西安市 1990 年外来人口为 210706 人。从外来人口的分布情况来看，城内三区外来人口比重较大，新城、碑林、莲湖三区分别占城六区外来人口的 19.60%、19.78% 和 21.05%；雁塔区占 20.32%；未央区和灞桥区外来人口较少，分别占城六区外来人口总量的 9.73% 和 9.53%。① 说明西安这一时期的城市化还处于城市化的早期，城市化是向心型城市化为主，人口呈现向城市中心不断聚集的特征。向心型城市化的主要后果是形成城市中心商业区，提高原有城市土地的利用集约化程度和土地利用的效率。这一时期城市外来人口增加的主要原因是改革开放后户籍制度的松动，自从 1958 年《中华人民共和国户口登记条例》颁布并实施以后，一直到 1984 年，国家的人口与户籍政策一直是限制农村人口向城市进行流动。再加上当时的城市发展理念也是“控制大城市规模、合理发展中等城

① 第四次全国人口普查数据。

市、积极发展小城市”，人口向大城市的流动更是受到一系列的限制。1984年，国务院发文允许农民自理口粮进入城镇落户，但大城市的户口仍然严格限制。真正的大量农村劳动力流向城市打工是在20世纪80年代末，但那时农村劳动力的流向主要是沿海地区，西安处于西北，改革开放的步子比东部要慢很多，对外来人口的吸引力不如沿海地区那么大，其外来人口基本上以省内外来人口和周边省份外来人口为主。1988年底，西安登记暂住人口为227532人，其中从事务工、经商的人数占暂住人口总数的70.16%；市区共登记暂住人口21.26万人，其中务工、经商、从事服务业等经济活动的13.69万人，占暂住人口总数的64.4%。1989年仅进城（市区）务工的流动人口即高达31万人。1990年经过整顿，全市登记的暂住人口130041人，其中市区99414人（西安人口网，2007）。

1990年第四次全国人口普查西安市总人口为608.89万人，到2000年第五次全国人口普查时，西安市人口增加到741.14万人，人口增加132.25万人，十年增长了21.7%，是西安市人口增长较快的十年。其中城镇人口由1990年的308.77万人增加到2000年的450.36万人，增长了45.9%，可以看出1990—2000年是西安城镇化快速发展的十年，城镇人口的绝对数量在增加而同时农村人口的绝对数量则呈下降趋势，城市化的人口来源非常重要的一个主体是本市内农业人口向非农业人口的转移。在城镇人口中，市区人口（市九区）从1991年的419.29万人增加到2000年的483.10万人，增长了15.2%，见图4—3。

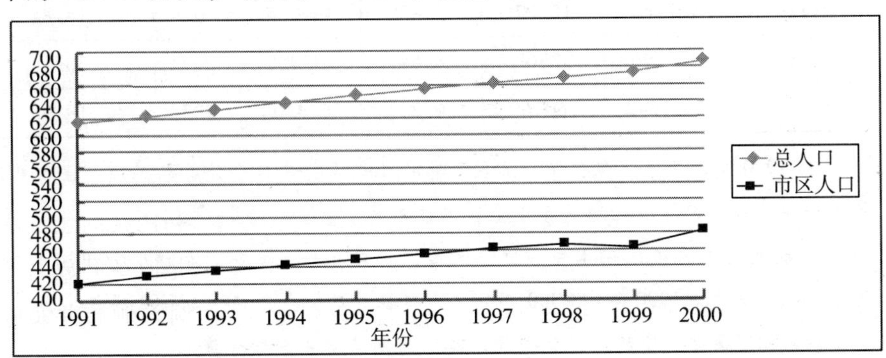

图4—3　1991—2000年西安人口变化（单位：万人）

资料来源：根据西安市统计年鉴数据绘制。

从各区的情况来看（见表4—1），人口增长最快的是雁塔区，其次为碑林区、未央区、莲湖区；人口增长最慢的为新城区，其次为灞桥区。人口增长的这种区域态势说明随着城市化进程的加快，城市人口的增加，城市最中心区域的容纳力已趋于饱和，人口的增长开始出现离心增长趋势，即随着人口的增加，城市面积不断扩大，中心区域人口增长放缓，甚至出现负增长，如市中心区的13个街道中，有8个街道在1990年到2000年间人口减少（李俊莉等，2005）。但总的来说，人口向城市中心聚集的趋势没有改变，城内三区的大部分区域人口依然呈增长态势。与此同时，近郊三区人口增长迅速。尤其是临中心城区的南部中圈（在西安市主要表现为南二环以内，主要为雁塔区）人口增长迅速，而远郊区人口增长缓慢。

表4—1　　1990年和2000年西安人口变化情况

单位：人、%

	1990年*			2000年**		
	常住人口	外来人口	外来人口比	常住人口	外来人口	外来人口比
新城区	440840	31563	7.16	526718	90015	16.78
碑林区	487305	31162	6.39	698755	133414	18.75
莲湖区	518983	33929	6.54	631224	90254	14.03
未央区	327555	15741	4.81	460416	100933	21.52
灞桥区	402163	15407	3.83	494084	74745	14.84
雁塔区	374796	32367	8.64	795058	244124	30.14
合计	2551642	160169	6.28	3674108	733485	19.96

注：*1990年外来人口包括常住本县、市一年以上，户口在外县、市；人住本县、市不满一年，离开户口登记地一年以上；人住本县、市户口待定三类人员。

**普查数据中的居住在本乡、镇、街道，户口在外乡、镇、街道，离开户口登记地半年以上的人。1990年和2000年外来人口统计口径上存在一定程度的差异。

资料来源：根据西安统计年鉴与国家统计局网站有关数据计算。

城市人口增长的一个重要来源是外来人口的急剧增加，表4—1是西安市1990年和2000年外来人口的变化情况，由于两次统计口径不同，降低了数据的可比性，但外来人口的增长趋势却是不容置疑的。2000年外来人口的情况将在以下进行详细分析。

二　2000—2010 年西安市外来人口变化情况

（一）2000—2010 年西安市人口变动情况

从 2000 年到 2010 年，西安人口继续呈快速增长态势，但比起上个十年（1990—2000 年）增长趋势放缓，2000 年西安常住人口为 741.14 万人，2010 年人口达到 846.78 万人，增长了 14.25%。从各区的情况来看，老城区人口增长缓慢，新区人口增长较快，靠近城市中心的新城区和莲湖区十年间人口增长均为 5 万多人，而碑林区人口则明显减少，从 2000 年到 2010 年，人口减少了近 97000 人。从占全市人口的比重来看，城内三区都呈下降趋势，其中碑林区下降得最为明显，与 1990 年到 2000 年的快速增长形成鲜明对比。和城内三区人口增长放缓甚至负增长相比，外三区人口明显上升，尤其是雁塔区和未央区增长更为明显，十年间雁塔区人口增长 36.85 万人；未央区增长了 33.77 万人，远三区（长安区、临潼区、阎良区）也有小幅度的下降，下降了 0.08%。城市人口分布的这种变化一方面和城市产业结构布局调整，政府进行新区开发建设有关；另一方面人口绝对数量的增加也导致了城市框架拉大，人口向着离城市中心更远的地方分布。由于城市中心人口已经饱和，一般来说，城市新增加人口大都会主动或被动地选择新区进行居住，而远郊三区中的阎良和临潼由于远离城市建成区，与主城区并不接壤，因而在城市功能上与城市联系不是特别紧密。长安区随着城市轮廓的扩大，目前已经与主城区实现对接，从 2000 年开始，发展迅速，尤其是在承担城市居住功能上发挥了非常重要的作用。同时，随着大学城的兴建，长安区人口近十年更是迅猛增长，因此，长安区的一部分（除了依然以农业为主导产业的乡镇）也成为人口聚集区。

（二）西安市外来人口特征

从 2010 年人口普查数据看，西安市外来人口呈现如下几个特征。

第一，来源特征。从外来人口的来源来看，以省内流入为主，省内其他市流入西安市的人口为 67.47 万人。省外流入的人口为 58.55 万人。在省外流入人口中，以河南省为最多；其次为四川、甘肃、湖北、山西，均为陕西省周边省份。作为西北地区的一个城市，西安在很大程度上只是一个区域劳动力市场而非全国劳动力市场，外来人口以省内和中西部与陕西接壤省份为主。

第二，性别特征。在性别构成上，男性占 52.9%，女性占 47.1%，外来人口男性占多数，但二者比例相差不大。分区来看，以商业服务业为主的城内三区，性别构成比较平衡；而外三区，男性比例较高，可能与这些区域分布了较多的第二产业或建筑业有关。

第三，文化教育特征。在教育程度构成中，未上过学的占 0.8%；小学占 8.4%；初中占 29.9%；高中占 25.4%；大学专科占 18.9%；大学本科占 15.0%；研究生学历占 1.6%。以初中学历为最多，其次为高中，二者合计占到所有外来人口的 55.3%，超过一半。分区来看，碑林区外来人口高学历者的比例最高，其次为雁塔区，灞桥区高学历外来人口最少。

第四，职业构成。从有职业的外来人口的职业构成来看，外来人口从业最多的是商业服务业，占 50.7%；其次为生产、运输设备操作人员及有关人员，占 18.7%；第三位是专业技术人员，占 15.9%；办事人员和有关人员，占 8.8%；党政企事业单位负责人，占 5.3%；农林牧渔水利业生产人员，占 0.4%。分区来看，新城区从事商业服务业的外来人口比例最高，而灞桥区、未央区生产、运输设备操作人员及有关人员比例较高。与总体人口的职业空间分布基本一致，主要受不同行政区产业结构影响。

（三）2000—2010 年西安市外来人口规模及分布变化

在城市人口自然增长率趋于低水平稳定状态时，城市人口的增加主要是人口迁移流动导致。西安作为西北地区的一个区域中心，一直对外来人口有着比较强的吸引力，据第五次全国人口普查和第六次全国人口普查数据来看，2000 年，西安市外来人口为 87.48 万人，2010 年增加到 234.59 万人，比 2000 年增长了 62.7%，占常住人口的比重从 2000 年的 11.8% 增加到 2010 年的 27.7%，增长了 15.9%，其中省外流入和省内其他市流入共计 126.02 万人（西安市统计信息网，2011）。

十年间（2000—2010 年）各区常住人口和外来人口分布状况如

表4—2表示。

首先来看2000年的数据，在2000年西安市外来人口最为集中的两个区是雁塔区和未央区，这种状况与这一时期城市建设的重点有关。2000年时，西安高新区、曲江新区、经济技术开发区发展迅速，吸引了大量人口，而高新区和曲江新区大都位于雁塔区的行政区划范围，经济技术开发区的大部分则属于未央行政区。同时，这两地也是西安城中村较多的地方，在改造前，西安雁塔区有71个城中村，未央区有24个，城中村低廉的房租也是吸引外来人口的主体——农民工居住的主要场所。以上原因导致了外来人口向这两个区域的集中。

表4—2　　2000年和2010年西安市①外来人口②分布情况

单位：人、%

	2000年			2010年		
	常住人口	外来人口	外来人口比	常住人口	外来人口	外来人口比
新城区	526718	90015	16.78	589739	176810	29.98
碑林区	698755	133414	18.75	614710	198631	32.31
莲湖区	631224	90254	14.03	698513	254611	36.45
未央区	460416	100933	21.52	806811	390597	48.41
灞桥区	494084	74745	14.84	595124	174338	29.29
雁塔区	795058	244124	30.14	1178529	614545	52.15
合计	3674108	733485	19.96	4483426	1809532	40.36

资料来源：根据2000年和2010年西安市人口普查数据计算。

2010年，城六区外来人口占总人口的比重都有所上升，对比两次人口普查外来人口的分区变化，外来人口占城六区的比例从2000年的19.96%增加到2010年的40.36%。分区来看，在绝对数量上，外来人口增加最多的是雁塔区；其次为未央区；增加最少的为碑林区。从占本区总人口的比例来看，雁塔区外来人口占本区人口比例最高，超过了本区人口的一半以上；其次为未央区，外来人口也接近本区人口的一半；值得注意

① 这里所说的西安市仅包括市内六区，即新城区、碑林区、莲湖区、灞桥区、未央区、雁塔区，城郊三区临潼区、长安区、阎良区及周边四县不包括在内。

② 外来人口是指普查数据中的居住在本乡、镇、街道，户口在外乡、镇、街道，离开户口登记地半年以上的人。

的是莲湖区，在2000年到2010年，莲湖区外来人口的增加明显，说明十年间莲湖区发展迅速，尤其是在商业服务业方面。

2010年的数据说明，经过十年的发展，外来人口已经构成城市人口的重要主体，外来人口主要分布于远郊区域，这些区域远离城市中心，还存在着尚未改造的城中村以及处于城乡接合部的城郊村，是外来人口中的重要聚居区域。另外，这些区域相对于发展空间有限的城中心，还有着极大的发展空间，也是吸引外来人口向这些区域集中的经济因素。2010年的灞桥区，仍然属于发展比较缓慢的一个区，对外来人口的吸引力较小。

（四）2000—2010年西安市外来人口的空间聚集与隔离

外来人口作为一个独特的群体，在空间分布上呈现出自己的特征，以下将利用2000年和2010年两次人口普查数据分别从区县和街道两个层面对外来人口在城市空间中的分布状况进行描述并比较。区县层面可以从较大的范围反映外来人口空间分布，便于人们对外来人口的空间分布有个总体的认识。但因为区县一级区域包含面积较大，往往无法反映出更小层面的特征，因而需要用更小层面的数据来进行补充，街道一般包含的面积比较小，而且能够构成一个完整的地方单元，它能够帮助我们更详细地了解外来人口的空间分布特征。

1. 外来人口聚集状况

（1）城六区外来人口比

2000年人口普查数据显示，西安城六区（新城区、碑林区、莲湖区、灞桥区、未央区、雁塔区）共有外来人口约73.35万人，外来人口占城六区人口的19.96%。但从区域分布来看，外来人口在各区的分布并不十分均衡，其中以雁塔区外来人口最多，雁塔区外来人口占到全市外来人口的33.28%；其次为碑林区，占18.19%，这两个区占到全市外来人口的一半以上。灞桥区外来人口最少，占全市外来人口的10.19%；其余新城区、莲湖区、未央区分别为12.3%、12.3%和13.8%。（见图4—4）

2010年，依然是雁塔区外来人口最多，占到总外来人口的33.96%；其次为未央区，占21.59%；灞桥区外来人口最少，占城六区外来人口的9.63%；其余莲湖区、碑林区、新城区分别为14.07%、10.98%和9.77%。

（2）外来人口密度

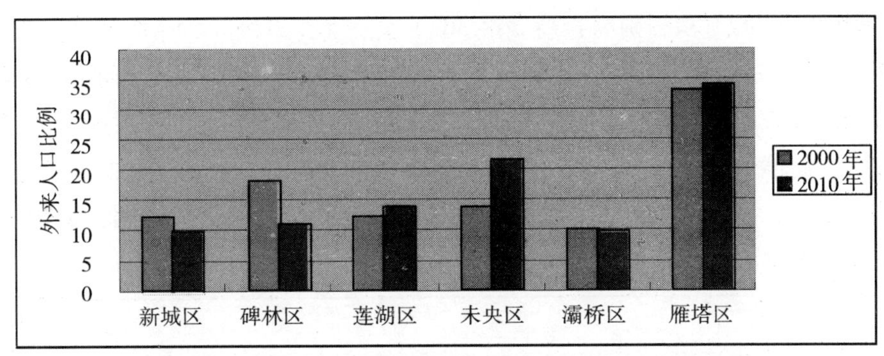

图 4—4　各区外来人口占所有外来人口比重（单位:%）

虽然区域外来人口占总外来人口的比例可以在一定程度上反映出外来人口在某个区域空间上的聚集程度，但还不能完全描述外来人口的聚集程度。因为在实际中，各个区的面积大小存在很大的差别，例如，城内新城、碑林、莲湖三区因处于老城区，面积较小，而外三区未央、灞桥、雁塔则因处于外围，面积较大，因而还需要结合区域面积来考察外来人口的分布情况，即人口密度。人口密度指的是单位面积上的人口数量，公式为 $D_i = P_i/A_i$，（其中 P_i 为区域 i 中的外来人口数，A_i 为区域 i 的面积）。各区外来人口密度如图 4—5、图 4—6 所示。

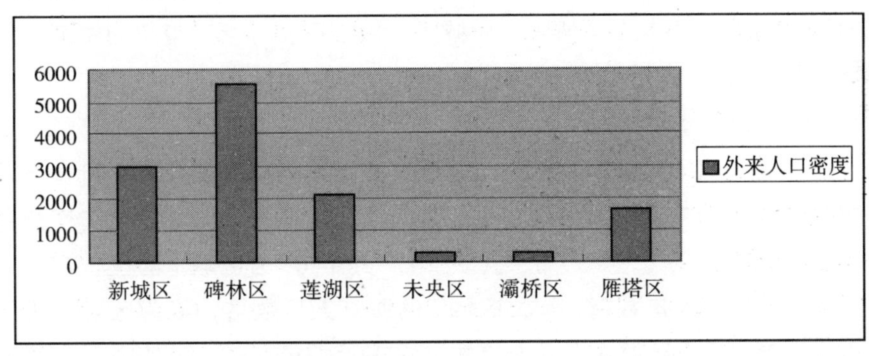

图 4—5　2000 年西安各区外来人口密度（单位：人/平方公里）

资料来源：根据 2000 年第五次全国人口普查数据计算。

从外来人口密度来看，距离市中心较近的三区明显高于其他三区，碑林区最高，为 5559 人/平方公里；灞桥区和未央区较低，分别为 285 人/平方公里和 311 人/平方公里。这与这两个区面积较大有关，灞桥区面积 325 平方公里，未央区面积为 262 平方公里，是西安面积最大的两个区，而城内三区的面积分别为：新城区 30 平方公里、碑林区 24 平方公里和莲湖区 43 平方公里。另外，2000 年，在灞桥和新城区都还有大量的区域属于纯粹的农村，耕地占了很大部分，如灞桥区有 6 个乡镇，未央区有 5 个乡镇，而城内三区则完全没有乡镇，同一时期的雁塔区也只有 2 个乡镇。以上说明，虽然从绝对人口来看，雁塔区和未央区外来人口较多，但从外来人口的空间密度来看，城内三区要远高于外三区。

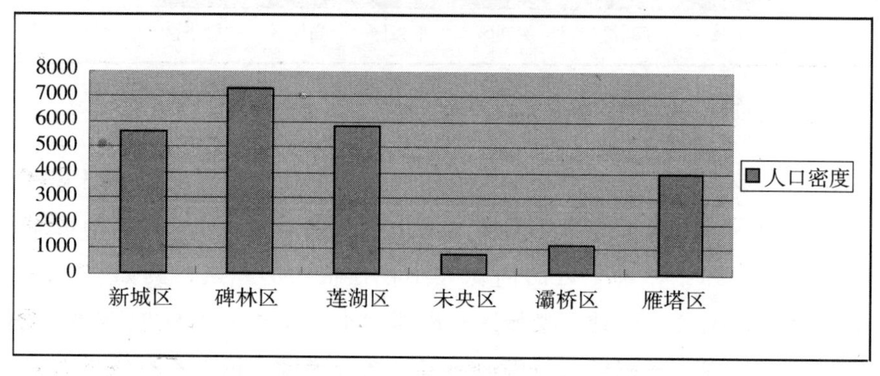

图 4—6　2010 年西安各区外来人口密度（单位：人/平方公里）

资料来源：根据 2010 年第六次全国人口普查数据计算。

2010 年各区外来人口密度均有明显提高，其中碑林区在六区中依然是密度最高的；其次为莲湖区、新城区，城三区在外来人口空间密度上仍然高于郊三区。

（3）外来人口区位商

区位商是地理经济学中的一个指标，它原本是用来测量某个行业在区域中的专业化程度，可以借用它来测量外来人口的空间聚集程度。区位商的计算公式为：$Q_i = (w_i/t_i) / (W/T)$。其中 Q_i 为区域 i 的区位商，w_i 为区域 i 的外来人口数量，t_i 为区域 i 的所有人口数量，W 为区域内所有外来人口数，T 为区域内所有人口数，它表示的是区域 i 中外来人口的比重与所有外来人口比重的比例。Q 大于 1，说明区域 i 中外来人口所占的比重高于整个区域中外来人口的比重，Q 越大，说明外来人口在区域 i 的集中度越高；反之，则说明外来人口的集中度越低。以下就利用 2000 年第五次全国人口普查和 2010 年第六次全国人口普查西安数据分别计算 2000 年和 2010 年外来人口的区位商。

经过计算，以区为分析单元，2000 年和 2010 年西安市城六区的外来人口区位商如表4—3所示。

表4—3　　2000年和2010年西安城六区外来人口区位商

区域＼年份	2000年	2010年
新城区	0.84	0.74
碑林区	0.94	0.80
莲湖区	0.70	0.90
未央区	1.08	1.63
灞桥区	0.74	0.54
雁塔区	1.51	1.29

资料来源：根据2000年和2010年西安市人口普查数据计算。

可以看出，2000年的时候，雁塔区和未央区的外来人口聚集程度是比较高的，其区位商分别为1.51和1.08，高于全市的平均水平，其中外来人口高度聚集区为雁塔区；外来人口聚集程度较低的是莲湖区和灞桥区，区位商分别为0.70和0.74。到了2010年，外来人口的聚集区域有了一个明显的变化，未央区的区位商变为最大，其值为1.63，成为外来人口聚集程度最高的区域，灞桥区的集中程度为最低。其余各区除了莲湖区外来人口集中程度提高外，均呈下降趋势。

以上是以区为分析单元的区位商，因为行政区是一个较大的地理单位，这种测量只能大致了解外来人口的聚集情况，为了更为精确地了解外来人口到底在哪些更小的地理空间上聚集，下面将以街道为分析单元计算更小区域上的区位商。2000年以街道为分析单位的区位商如表4—4所示(按区位商由低到高排列)。从表4—4可以看出，几个虚拟街道[①]的外来人口聚集程度最高，除了这几个虚拟街道，外来人口聚集程度最高的街道为十里铺街道、二府庄街道、红旗街道、大明宫街道、西大街街道、西关街道、纺织城街道、红庙坡街道，其区位商均在1.2[②]以上。从这几个街道的区位分布可以看出，在2000年时，西安市外来人口主要分布于市中心未经改造的老城区和城郊城乡接合部的地方，老城区如莲湖区虚拟街

① 在我国进行人口普查时，通常是以行政区为基本单位的，但在实际中也存在着一些“真空”地带，即没有划入任何一个行政区，不受任何行政区的管辖，但这些地域上也生活着一定数量的人口。在城市中，这些地方由于处于管理的空白区，因而往往成为外来人口聚集的地方。

② 本书将区位商在1.2以上作为外来人口高度聚集区，在0.8以下作为外来人口低度聚集区。

道、新城区虚拟街道、尚德路虚拟街道、碑林区虚拟街道、西大街街道、西关街道，这些区域几乎都位于明城墙以内或城墙外围。

表 4—4　　　　2000 年以街道为单元的外来人口区位商

街道	区位商	街道	区位商
莲湖区虚拟街道	6. 993862	文艺路街道	0. 754739
新城区虚拟街道	5. 851447	和平路街道	0. 752386
尚德路虚拟街道	5. 851447	长乐坊街道	0. 750587
碑林区虚拟街道	5. 237494	东五路街道	0. 729181
雁塔区虚拟街道	3. 256779	自强路街道	0. 728401
徐家庄虚拟街道	3. 251289	土门街道	0. 71122
经开区虚拟街道	3. 064946	北关街道	0. 702856
十里铺街道	2. 829879	鱼化寨街道	0. 69716
二府庄街道	1. 753349	太乙路街道	0. 695792
红旗街道	1. 731245	大雁塔街道	0. 693778
大明宫街道	1. 577924	东关南街街道	0. 671463
高新区虚拟街道	1. 421366	南院门街道	0. 652788
西大街街道	1. 417119	小寨路街道	0. 627841
西关街道	1. 414996	北院门街道	0. 586882
纺织城街道	1. 284284	辛家庙街道	0. 576839
红庙坡街道	1. 122932	柏树林街道	0. 563598
张家堡街道	1. 103134	张家村街道	0. 559651
狄寨镇	1. 058858	环城西路街道	0. 555959
未央宫乡	1. 044949	汉城乡	0. 530954
长乐西路街道	1. 033535	庙后街街道	0. 515539
长安路街道	1. 013294	六村堡乡	0. 50334
席王街道	0. 998718	韩森寨街道	0. 49598
胡家庙街道	0. 961373	青年路街道	0. 477101
曲江乡	0. 924874	桃园路街道	0. 475969
电子城街道	0. 881538	长乐中路街道	0. 453831

续表

街道	区位商	街道	区位商
中山门街道	0.871777	徐家湾街道	0.426292
长延堡街道	0.862547	枣园街道	0.419839
等驾坡街道	0.832718	丈八沟乡	0.41298
南大街街道	0.829844	西五路街道	0.399947
三桥镇	0.82976	灞桥镇	0.395548
霸陵乡	0.818106	草滩镇	0.362759
谭家街道	0.796656	洪庆街道	0.256011
解放门街道	0.785485	新合乡	0.160064
太华路街道	0.784166	新筑镇	0.141815
西一路街道	0.774323	水流乡	0.139656

20世纪90年代到2000年，西安尚未进行大规模的旧城改造工程，城墙内很多地方都还是年代久远的棚户区，比较破败。由于环境较差，因而房租便宜，原有的有能力的城市居民通过重新置业的方式搬离此地，空出来的房子用于出租，因环境较差，只能租给城市中的低收入者或外来人口。因房租较低，同时距离市中心较近，可以节省通勤时间和通勤成本，许多对环境要求不高的外来人口会选择在此地居住。另外，这些区域距离市中心或一些商业中心较近，尤其是西大街和北大街改造之前，在市中心的这一区域有着大量的小商贩或个体工商业者，其中的许多经营者都是外地来西安的打工者，外来人口选择在此居住一方面可以节省通勤成本；另一方面也可以便捷地到达工作地，有相当部分的务工者都是前店后居的居住模式。外来人口聚集程度较高的区域还包括一些城乡接合部的地方，如徐家庄虚拟街道、经开区虚拟街道、二府庄街道、红旗街道、大明宫街道、高新区虚拟街道、纺织城街道，这些区域大都位于城乡接合部，有的属于新开发区，开发区由于大规模的基础设施建设和房地产项目建设，聚集了大量的建筑工人及与建筑产业相关的人口，其构成主要是外来人口。城乡接合部通常是大量的小生产厂家、仓储物流和手工作坊的集中地，

这些产业雇用了大量的外来人口。外来人口的区域分布与外来人口从事的产业布局基本上是一致的，分布于商业服务业、建筑业、手工作坊、仓储物流集中区，同时也和这些区域的房屋租金较低有关。

从西安市 2000 年街道外来人口区位商来看，还存在着一些外来人口区位商极低的区域单元，如水流乡、新合乡、新筑镇等，其外来人口聚集程度远远低于全市水平。这主要是因为西安在这一时期的城市化进程还比较缓慢，在城六区还存在着大量以农业产业为主的乡镇，虽然位于城六区范围，但从本质上来讲，还属于农村地区，在这些以农业生产为主的区域，没有吸引外来人口聚集的引力；相反地，本地农村居民在兼顾农业产业的时候，也向城市的其他区域流动进行务工，这些地方属于人口的流出地而非流入地。如这时期的灞桥区、未央区和雁塔区都还存在大量的农业人口，2000 年全国人口普查数据显示，灞桥区共有 6 个乡镇，在这些乡镇建制的区域中，绝大部分是农业人口，像灞桥区的新筑乡、新合乡、水流乡的农业人口比例分别为 96.38%、96.61% 和 96.79%；未央区同样也存在数量不少的乡镇，共计 5 个，其人口构成也以农业人口为主，其中汉城乡的农业人口比重为 91.89%；草滩镇农业人口比重为 83.39%；雁塔区也有曲江和丈八沟 2 个乡，其人口构成也以农业人口为主。除了大量存在的农业人口占绝对数量的乡镇以外，即便是在城六区（尤其灞桥区、未央区和雁塔区）的某些街道，城市化水平也不是很高，也存在大量的农业人口，如灞桥镇的十里铺街道、席王街道、洪庆街道、红旗街道，未央区的辛家庙街道、谭家街道，非农人口的比例均不到 50% 甚至更低。

由于无法获得西安市第六次人口普查乡镇街道层面的数据，无法对 2010 年外来人口的区位商进行计算，也无法对比这十年间外来人口在街道层面聚集程度的变化，这是本书比较遗憾的地方，有待在后续研究中进行补充。

2. 西安市外来人口与城市居民的隔离状况

以上通过各区外来人口占全市外来人口比重、各区单位面积的外来人口数——人口密度、区位商反映了西安城六区外来人口的聚集程度，为了更为准确全面地反映外来人口在城市空间的分布，还需要了解外来人口与本地居民的隔离状况。下面将用隔离指数来测量外来人口和城市居民的隔离状况。

表示隔离状况常用的指标是邓肯隔离指数，隔离指数的计算公式为：

$$D = \frac{1}{2}\left(\sum_{i=1}^{n}\left|\frac{w_i}{w} - \frac{c_i}{c}\right|\right)$$

其中，D 为隔离指数，代表的是外来人口和本地居民的不平均分布程度，它的值表示多少比例的外来人口需要改变他们的居住地才能够使得区域中的外来人口和本地居民达到平均分布。D 的取值在 0 和 1 之间，也可以用百分比来表示，其中 0 表示没有隔离，即外来人口和城市居民完全平均分布于城市空间；1 表示完全隔离，即外来人口和城市居民处于完全不同的区域，没有任何交叉。w_i 为某区域 i 中的外来人口数量，W 为所有外来人口数量，c_i 为区域 i 中 i 城市居民数量。C 为所有城市居民数量，n 为区域数量。如果研究单位为区县一级，本书涉及西安城六区，n 即等于 6；如果研究基本单位为乡镇街道一级，则 n 等于西安市城六区的街道总数。以下将分别以区县和乡镇街道为基本单元计算西安市 2000 年和 2010 年的外来人口隔离指数。

经过计算（见表 4—5），2000 年以区县为计算单元的西安市外来人口隔离指数为 26.6%，以街道为计算单元的西安市外来人口隔离指数为 34.9%，说明计算单元越小，隔离程度越高，也就是说隔离更多地发生在较小的单元内，以区县和乡镇街道这两个单元计算的空间隔离指数存在着一定的差异。将这一数据与吴晓（2010）用 2000 年上海市普查数据计算的上海市外来人口隔离指数（市区以区县为计算单元的隔离指数为 20.9%，以街道为计算单元隔离指数为 31.7%）相比，西安市外来人口与城市居民无论在行政区层面还是在街道层面，隔离程度都比上海要更高。2010 年西安市以区为计算单元的外来人口与城市居民隔离指数为 26.9%，与 2000 年相比稍高一些，但总体差别不大。由于缺乏 2010 年街道层面的外来人口数据，无法计算以街道为单元的全市外来人口隔离指数。

表 4—5　　2000 年和 2010 年西安市外来人口隔离指数

	2000 年		2010 年	
分析单元	行政区	街道	行政区	街道
隔离指数	26.6	34.9	26.9	——

资料来源：根据 2000 年和 2010 年西安市人口普查数据计算。

为了更详细地了解不同行政区之间外来人口空间隔离的程度差异，本书还计算了以街道为单元的西安市各区外来人口隔离指数，2000 年西安各行政区外来人口隔离指数分别为：新城区 0.33；碑林区 0.47；莲湖区 0.35；未央区 0.37；灞桥区 0.32；雁塔区 0.28。从数据可以看出，碑林区的外来人口隔离程度最高，雁塔区最低。在国外衡量种族隔离时，一般将隔离指数在 60% 以上定为高度隔离（李华，2002），以这个数据来衡量，西安市外来人口的空间隔离程度并不算很高。但值得注意的是，我们不能简单用国外种族隔离的指标值来衡量外来人口，毕竟，我国外来人口进入城市是一个同种族、同文化内部的人口流动，如果也是 60% 作为高度隔离标准的话，有可能会给政策制定或解决外来人口在城市中的各方面问题造成很大误导。

三 外来人口城市空间分布形成的动力机制

在以上对外来人口空间分布变动情况分析的基础上，探讨导致外来人口空间分布的动力机制，大致可以将其概括为两个方面：基于社会结构层面的动力和基于个体层面的动力。

（一）社会结构动力

社会结构包括通过社会制度确定下来的社会等级构成以及社会发展过程中自发形成的社会等级与社会分层结构。因制度设置而造成的外来人口空间分布是导致外来人口空间分布格局的一个重要力量，而且也是容易导致社会不公的重要力量。与城市空间相关的制度主要有两大类：一是经济管理体制；二是社会管理体制。

经济管理体制主要是产权制度改革，产权制度改革后，原本单一的国家所有制向产权多样化转变。与这种体制的转变相伴随的是一部分人先富起来，社会财富由改革之初的社会普遍受益开始向贫富分化转变。在这个过程中，既产生了一些富裕群体，同时也产生了一些社会底层群体和弱势阶层，这部分人既包括外来人口，也包括原有城市居民中的一部分人，这些社会底层群体或弱势群体无论是在经济上、政治上还是话语权上都被排除于主流社会之外，在城市空间分配过程中，也是处于一种弱势地位。

社会管理体制包括一些具体的制度安排，如住房制度、户籍制度、有关外来人口管理制度等。其中住房制度改革是造就城市空间分异或隔离的直接力量，住房制度改革最重要的一个特征就是市场化，市场化本身没有错，但在市场化的过程中，由于市场机制的不成熟和相关的规则与秩序没有建立，导致在住房市场化的过程中市场化程度过高而忽略了住房作为公共产品的特征。外来人口由于经济地位的弱势，无法通过市场途径获得住房，在政府提供公共住房不足的情况下，外来人口在住房获得过程中就会处于市场和政府的双重边缘地位。户籍制度在决定城乡身份的同时，也决定了外来人口中的农民工群体在城市中的空间位置。因为户籍和外来人口自身人力资本的原因，他们中的许多人无法进入主要劳动力市场，只能分布于半熟练的体力劳动力市场和普通劳动力市场中。处于这种劳动力市场中的个体收入低并且面临着很高的职业调整概率，他们的职业流动通常是一种低水平的重复流动或向下流动。因为在劳动力市场中的不利位置，导致其收入水平低下，外来人口一般只能居住在单位提供的集体宿舍、城中村或城乡接合部的出租屋中，形成外来人口在空间上的独特布局。

（二）个体层面动力

除了宏观的结构性因素导致的外来人口与城市居民的空间隔离外，外来人口个体层面的因素也会导致外来人口与城市居民的空间隔离，这种隔离包含了两个过程：主动疏离和被动排斥。

主动疏离是指出于主动的疏离而使自己处于一种与他人的隔离状态，人们一般都会倾向于选择与己类似的人比邻而居。这个过程无论在上层还是下层都存在。上层阶级的主动疏离也就是吉登斯所说的“精英反叛”，由于上层所具有的良好的经济实力，可以自由地根据个人偏好选择自己满意的居住区位，他们消费的不仅仅是空间的物理属性，而且也是空间所代表的地位身份、他人的艳羡与尊重。上层一般选择离群索居或远离普通阶层，郊区环境幽美的地方、城市的滨河临水区域、城市园林旁边以及城市中地租较高的其他黄金地段是他们的主要选择，他们的住宅多是封闭性的，通过严格的安保措施将其他人排除在进入的可能性之外，通过城市地价和个人的经济实力，他们将自己隔离于大众视线之外。对于这部分人来讲，他们已经具备了超越空间选择时的限制力量的能力，如甘斯所说的“可选择东西的数量增加，特性就越能成为理解行为的重要概念”（Gans，H.，1968），其对空间的选择更多地体现了个人意志。

在外来人口的空间选择过程中也存在着一些主动疏离，他们会基于共同的文化观念或共同的关系网络而聚居在一起，如一些城市中的“河南村”、“浙江村”、“新疆村”等。空间具有一定的文化象征意义，一定的文化价值观念在城市空间形成过程中会起到不可忽视的作用，外来人口群体拥有自己一整套长久以来形成的已经内化的价值观念、文化传统和生活方式，体现于城市空间上便是主动选择并以聚居的形式居住于城市中的特定场所。

虽然主动疏离在外来人口城市空间选择过程中占有一定分量，但对于大多数外来人口而言，在城市空间选择中更多的是一种被动无奈的选择。这种被动和无奈一方面来自于个体自身特征，外来人口由于普遍较低的人力资本和人际关系网络，他们在职业空间中处于一种边缘位置，经济地位的边缘化导致了其在其他空间资源分配中的边缘性；另一方面这种被动选择来自于社会环境的影响，城市的政策、本地居民的歧视都造成外来人口在城市空间上只能处于与本地居民具有一定空间距离的区域。

四 本章小结

本章主要是对西安市历史上的人口迁移及外来人口空间分布状况进行简单回顾，重点在于利用2000年和2010年人口普查数据对外来人口的空间聚集及空间隔离状况进行分析并将这十年隔离状况的变化情况进行对比。研究表明：西安城市历史上不同时期的外来人口构成及外来人口空间隔离存在差异。

（1）在传统时期，主要是1840年以前，城市外来人口主要是因政府移民、战争、灾害、瘟疫形成的流动人口，他们也经常被称为“流民”。

（2）近代时期（1840—1949年），西安市的外来人口主要是战争避难的难民、民族工业发展以及铁路修建吸引力带来的外来人口。

（3）新中国成立后到改革开放前（1949—1978 年），分为快速无序流动时期和严格户籍制度限制两个时期。快速无序流动时间较短，是当时整个社会无序在城乡空间上的表现。户籍严格限制时期城乡处于两种不同的体系制度之下，由于严格的城乡流动限制，这时期城市中几乎不存在外来人口这一群体。

（4）1978—2000 年，改革开放后户籍限制的放松使得大量农村人口进入城市，西安市人口迅速增长，其中 1978—1990 年，城内三区增长较快，呈现出向心型城市化的特点；1990—2000 年，外三区人口增长迅速，中心区域人口增长放缓甚至出现负增长。

（5）2000—2010 年，西安外来人口继续快速增长，增长区域主要是雁塔区和未央区，呈现出一定的空间聚集特征，主要位于一些城中村和城乡接合部，与城市居民之间形成一定的空间隔离，且不同区域的聚集与隔离程度存在差异。导致外来人口空间格局形成的动力来自社会结构和个体层面两个方面。

第五章　西安市外来人口与城市居民的空间隔离

在对西安市外来人口空间分布及空间隔离宏观描述的基础上，本章将从微观角度出发，利用实地调查数据，分别从外来人口和城市居民两方面分析外来人口和城市居民在职业空间、居住空间和公共空间上的隔离状况。

一　调查基本情况

（一）调查区域及调查对象

本书调查区域为西安市城市六区，即新城区、莲湖区、碑林区，这三区为中心城区；未央区、雁塔区、灞桥区，这三区为近郊三区。这六个区（见图5—1）构成了西安的主城区，除此而外的远郊三区由于大片区域仍然属于农村社区，因而不在本书的区域范围内。

本书的调查对象包括外来人口和城市居民两部分。外来人口指的是在西安市工作或生活但户口不在本地的人口。城市居民指的是在西安市工作或生活，同时户口也在西安市的人口。在调查中，为了方便筛选调查对象，将在西安工作或生活的人分为四类：

第一类：户口在城六区以外，农村户口；

第二类：户口在城六区以外，城市或城镇户口；

第三类：户口在城六区以内，农村户口；

第四类：户口在城六区以内，城市或城镇户口。

在本书所进行的调查中，将第一类人作为外来人口，第四类人作为城市居民，第二类和第三类人不在本次调查范围内。

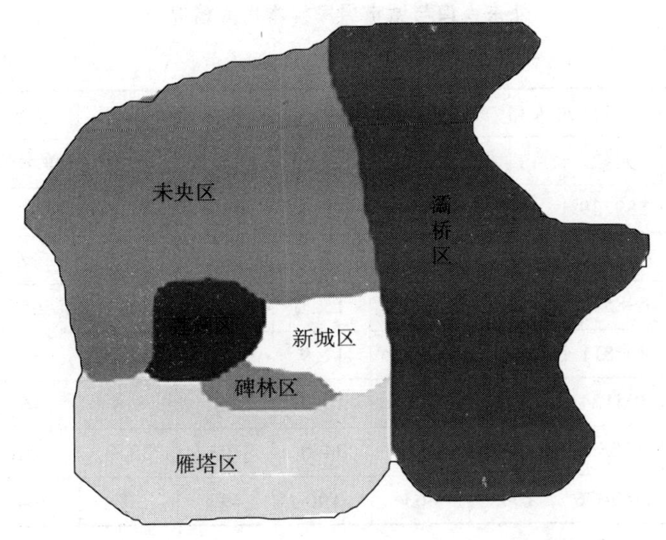

图 5—1　本书调查区域

（二）调查方法及数据来源

本书所用的资料来源于笔者所主持的教育部人文社会科学西部项目“空间隔离与农民工的城市融入”课题组 2012 年 6 月 29 日—7 月 12 日在西安市做的调查。调查对象分为两类：一是外来人口，即非西安市的农村户口人员，具体筛选条件是目前在西安工作或生活，户口在西安市区以外的农村户口人员，包括来自西安市管辖的郊县如周至、蓝田、高陵、户县的农村户口务工人员。二是城市居民，筛选标准为西安市民户口人员，不包括西安城六区的农村户口人员。对符合条件的调查对象按照“差异最大化”原则，运用街头拦截和入户调查方法在西安市城六区（新城区、碑林区、莲湖区、雁塔区、未央区、灞桥区）共发放外来人口问卷 550 份，其中回收有效问卷 499 份，有效率为 90.7%；西安市民问卷 400 份，其中回收有效问卷 364 份，有效率为 91%。问卷填写方式为自填问卷或结构访问法，对一些有能力自我阅读理解的调查对象采取的是自填问卷，而一些年龄较大或阅读理解能力有限的采用结构访问法，无论哪种发放方式，都是当场填写，当场回收，在一定程度上保证了问卷的回收率和有效率。样本的构成情况如表 5—1，其比例情况与总体构成的比例情况大概一致。

表 5—1 外来人口与城市居民样本构成情况

单位：人、%

调查区域	名区总人口		名区样本		名区外来人口		名区城市居民	
	人数	占比	样本数	占比	样本数	占比	样本数	占比
新城区	589739	13.2	113	13.1	52	10.4	61	16.8
碑林区	614710	13.7	129	14.9	87	17.4	42	11.5
莲湖区	698513	15.6	130	15.1	65	13.1	65	17.9
未央区	806811	18.0	103	11.9	60	12.0	43	11.8
灞桥区	595124	13.8	88	10.2	42	8.4	46	12.6
雁塔区	1178529	26.3	300	34.8	193	38.7	107	29.4
合计	4483426	100	863	100	499	100	364	100

（三）样本基本状况

为了对样本有一个总体的了解，下面先对其基本特征作一描述（见表 5—2）。

在调查的 499 名外来人口中，男性 271 人，占样本的 54.31%；女性 228 人，占样本的 45.69%。从教育程度看，小学及以下的 55 人，占样本的 11.02%；初中 142 人，占样本的 28.46%；高中（包括中专和技校）的 130 人，占样本的 26.05%；大专及以上的 172 人，占样本的 34.47%。从年龄构成看，25 岁及以下的 195 人，占样本的 39.08%；26—40 岁的 206 人，占样本的 41.28%；41—55 岁的 83 人，占样本的 16.63%；56 岁以上的 15 人，占样本的 3.01%。从婚姻状况看，未婚的 213 人，占调查样本的 42.77%；已婚的 279 人，占调查样本的 56.02%；离异和丧偶的分别为 4 人和 2 人，占调查样本的 0.80% 和 0.40%。

在调查的 364 名城市居民中，男性 153 人，占样本的 42.03%；女性 211 人，占样本的 57.97%。从教育程度看，小学以下的 9 人，占样本的 2.49%；初中学历的 61 人，占样本的 16.85%；高中（包括中专和技校）的 102 人，占样本的 28.18%；大专及以上的 190 人，占样本的 52.47%。从年龄构成看，25 岁及以下的 82 人，占样本的 22.53%；26—40 岁的 162 人，占样本的 44.51%；41—55 岁的 86 人，占样本的 23.63%；56 岁以上的 34 人，占样本的 9.34%。从婚姻状况看，未婚的 115 人，占调查样本的 31.59%；已婚的 234 人，占调查样本的 64.29%；离异和丧偶的分别为 7 人和 8 人，占调查样本的 1.92% 和 2.20%。

表 5—2　　样本基本情况及比较

单位：人、%

		外来人口		城市居民	
		样本数	占比	样本数	占比
性别	男	271	54.31	153	42.03
	女	228	45.69	211	57.97
教育程度	小学及以下	55	11.02	9	2.49
	初中	142	28.46	61	16.85
	高中(中专、技校)	130	26.05	102	28.18
	大专及以上	172	34.47	190	52.47
年龄	25 岁以下	195	39.08	82	22.53
	26—40 岁	206	41.28	162	44.51
	41—55 岁	83	16.63	86	23.63
	56 岁以上	15	3.01	34	9.34
婚姻状况	未婚	213	42.77	115	31.59
	已婚	279	56.02	234	64.29
	离异	4	0.80	7	1.92
	丧偶	2	0.40	8	2.20

资料来源：根据笔者实地调查资料统计。

从以上外来人口与城市居民的基本情况可以看出，在教育程度上，外来人口的教育程度要明显低于城市居民。在低水平的教育层次上，外来人口的比例要高于城市居民；外来人口的小学教育程度占样本的 11.02%，而城市居民这一比例为 2.49%；在初中水平的教育程度上，外来人口比例为 28.46%，而城市居民为 16.85%。而在高水平的教育层次上，外来人口的比例却要低于城市居民，如大专及以上教育水平，外来人口比例为 34.47%，而城市居民为 52.47%。从年龄构成看，外来人口的年龄结构比城市居民要年轻，40 岁以下的外来人口占样本的 80.36%，而城市居民这一比例为67.04%，这说明来城市务工的大都是一些年轻人。因为外来人口的年龄构成比城市居民年轻，与人口年龄结构相关，外来人口的未婚者比例要高于城市居民，外来人口未婚者占样本的42.77%，而城市居民未婚者的比例为31.59%。外来人口和城市居民的个体特征对他们的职业空间、居住空间和公共空间使用或利用情况存在着影响，同时也是造成外来人口城市融入差异的因素，本书将在以下的分析中探讨这些特征对城市居民和外来人口空间利用和城市融入的影响。

二　外来人口与城市居民的职业空间隔离

鉴于空间隔离是一个双向度的问题，外来人口描绘或感受到的空间距离不一定等同于城市居民眼中的空间距离，因而仅从外来人口或城市居民单一的立场难以准确地描绘出两者的隔离状况，所以，以下的分析将分别从外来人口和城市居民两个角度来分析二者的空间隔离状况。

职业的获得及职业层次对个体来讲有直接的经济效应，同时职业也是个体参与社会、融入社会的重要途径，外来人口所从事的职业如何以及职业所能够带来的经济收益如何是外来人口在城市生存和发展的根本基础。因而探讨在就业方面的外来人口与城市居民的隔离状况是研究外来人口城市融入的起点。

（一）基于外来人口视角的职业空间隔离

1. 外来人口的职业经历

从外来人口的职业经历来看，58.27%的人有务农经历，没有务农经历的为41.73%。结合代际差异来看，相比老一代外来人口，新生代中没有务农经历的比重更高，说明随着外来人口构成的代际变化，越来越多的农村年轻人从学校毕业后直接进入城市务工，农村对他们来说只是一个出生地，其大部分的生活方式与城市中的同龄人没有太大差异，都是在学校中度过。在来西安务工的外来人口中，来西安之前曾经在其他城市务工的占35.92%，这些有过其他城市务工经历的人以40岁以下的年轻人为主，这一比例占到79.55%，说明年轻人比起年龄大的人流动性更强，不仅仅是同一城市内部的流动，而且经常是跨城市流动。从性别特征看，有过其他城市务工经历的男性比例更大，占57.39%，说明男性比女性更具流动性。从教育程度看，初中教育水平的跨城市务工经历比例最高，为31.25%；其次为大专以上，占28.98%；小学程度的跨城市务工比例最低，为15.34%。

到西安以后，外来人口的职业也并非一成不变，55.83%的人有过更换工作经历，这说明外来人口的职业稳定性不高，很多人处于非正规就业状态。其中换过一次工作的占14.31%；换过两次工作的占19.22%；换过三次工作的占12.68%；换过四次及以上者比例较低。换工作者以男性、高学历者及40岁以下的年轻人为主。换工作的最主要原因是收入原因，这一原因占换工作原因的38.97%；第二原因为获得更好的发展，占21.69%，说明收入和前途是外来人口更换工作最主要动因。将更换工作原因与年龄进行交互分析（见表5—3），发现年轻人更换工作主要是主观方面的原因，如为了寻求更好的收入或更好的发展前途，而年龄大的人更换工作则主要是客观原因，如拆迁、被辞退或公司单位倒闭破产。这从一定程度上说明年轻人对未来抱有更大的信心和希望，同时也说明年轻人更容易产生对工作现状的不满，一定的职业流动有助于外来人口实现向上的社会流动，但过于频繁的流动也不利于职业经验的积累和职业技能的提高。而年龄较大的外来人口（41岁以上）从其内心来讲，希望获得职业的稳定，同时，由于身体状况开始走下坡路，他们在职场上的竞争力逐渐下降，因此，这部分人一般很少主动地更换工作，其职业流动大多都是被动流动的结果。

表5—3　　分年龄的外来人口职业流动原因

单位：人、%

最近一次换工作原因		年龄				合计
		25岁以下	26—40岁	41—55岁	56岁以上	
获得更好的收入	样本数	41	51	13	1	106
	占比	38.68	48.11	12.26	0.94	100
寻求更好的发展空间	样本数	27	27	4		159
	占比	45.76	45.76	6.78	1.69	100
工作地点不合适	样本数	16	13	5	0	34
	占比	47.06	38.24	14.71	0	100

续表

最近一次换工作原因		年龄				合计
		25岁以下	26—40岁	41—55岁	56岁以上	
人际关系原因	样本数	3	4	1	1	9
	占比	33.33	44.44	11.11	11.11	100
被辞退	样本数	1	1	1	2	5
	占比	20	20	20	40	100
公司或单位倒闭	样本数	0	0	2	0	2
	占比	0	0	100	0	100
拆迁	样本数	1	4	7	0	12
	占比	8.33	33.33	58.33	0	100
租金太高	样本数	1	6	2	0	9
	占比	11.11	66.67	22.22	0	100
其他	样本数	13	15	6	2	36
	占比	36.11	41.67	16.67	5.56	100

资料来源：根据笔者实地调查资料统计。

2. 外来人口的职业空间分布

工作场所在一定程度上可以反映出人们工作环境的舒适程度，外来人口的工作场所分布见表5—4。

表5—4 外来人口的职业空间分布

单位：人、%

工作场所	样本数	占比	累计百分比
工地	51	10.41	10.41
除工地的户外	79	16.12	26.53
车间	56	11.43	37.96
室内营业场所	206	42.04	80.00
办公室	81	16.53	96.53
家里	6	1.22	97.76
其他	11	2.24	100
合计	490	100	

资料来源：根据笔者实地调查资料统计。

将外来人口的工作场所与工作所在的行政区进行交互分析，发现：

（1）从事商业服务业的外来人口主要集中于新城区和碑林区。商业服务业是外来人口最集中的行业，其工作场所最主要是室内营业场所。在室内营业场所工作的外来人口占调查外来人口样本的42.04%，从整个城市空间分布看，商业服务业主要集中在城市商业中心以及主要的批发零售场所。将工作场所与工作所在区进行交叉分析后发现，在室内营业场所工作的外来人口主要分布于新城区和碑林区，新城区在室内营业场所工作的占所有工作场所的55.0%，碑林区这一比例为54.41%，这与西安市商业中心和主要商业场所的分布有关。钟楼附近为西安的核心区域同时也是商业服务业最发达的地方，集中了大量的商场、店铺和餐饮服务企业，而西安的商品批发流通场所则主要位于新城区的康复路一带，这两个区域的外来人口主要从事的是商业服务业，工作场所主要是室内营业场所。

（2）工人主要集中于灞桥区。工人也是外来人口从事的主要职业，包括产业工人和建筑工人，车间和工地这两种工作场所占外来人口工作场所的48.37%。将工作场所与所在区进行交叉后发现，建筑工人主要分布于长安区，长安区在工地工作的外来人口占本区外来人口的34.48%。这与长安区所处区位有关，虽然长安区不属于城六区，但在西安市外三区中，与西安市的关系最为紧密，在地域上也和西安城市建成区相连；从功能上看，长安区承担着西安的居住、科教功能，许多区域都正处于开发建设当中，建筑工地比较多，聚集了许多建筑工人。而产业工人比例最多的则是灞桥区，产业工人占灞桥区外来人口的45.71%。灞桥区是西安的老工业区，集中了大量的纺织企业和军工企业，这些企业中外来人口的工作场所主要是在车间。

（3）除了室内营业场所、车间、工地这三个场所，户外（工地除外）也是外来人口工作的一个重要环境，如那些从事清洁、搬运、快递、司机等职业的外来人口，户外工作的占其工作环境的16.12%。交叉分析发现，户外工作的并不具有非常明显的区位特征，但城中心户外工作的明显比较少，其他外围各区比例基本相当。

3. 外来人口与城市居民的职业空间隔离

外来人口与城市居民的职业空间隔离在外来人口问卷中用“在你的工作单位，有多少是本地居民?”、“在工作中是否需要和本单位以外的市民打交道?”这两个问题来测量，从表5—5可以看出，外来人口在职业空间方面与城市居民的隔离程度还比较高。在外来人口所处的行业中，本地居民“少于一半”或“几乎没有”的比例为36.5%，而本地居民“多于一半”或“几乎全是”的比例为37.5%，26.1%的行业外来人口比例与本地居民相当，与以往的研究相比，其职业空间隔离有所下降。卢国显(2010)在2005—2006年对北京市外来人口社会距离进行研究时，用了类似的问题对北京市外来人口的就业状况进行测量，发现存在着外来人口的集中化就业现象。在他的调查中，外来人口聚集就业的比例达到59.2%，城市居民聚集行业的比例为32.1%，仅有8.7%的行业外来人口与本地居民比例相当。但这个数据只表明了总体的外来人口与市民的职业隔离程度，就某种职业空间来说，其隔离程度是否相同，还需要进行进一步的分析。

表5—5 外来人口工作单位城市居民数量

单位：人、%

	样本	百分比	有效百分比	累计百分比
几乎全是	47	9.4	9.7	9.7
多于一半	135	27.1	27.8	37.4
大概一半	127	25.5	26.1	63.6
少于一半	115	23.0	23.7	87.2
几乎没有	62	12.4	12.8	100
合计	486	97.4	100	

资料来源：根据笔者实地调查资料统计。

为了了解不同职业场所空间隔离程度的差异，将“工作场所”与“职业空间隔离”（单位中城市居民数量）进行交互分析，发现在工地和户外这两个工作场所中，外来人口的聚集程度比较高，分别为58%和45.45%，办公室工作场所城市居民的集中程度比较高，其城市居民集中度为48%，产业工人和商业服务业人员中，外来人口与城市居民的隔离程度相对较低，二者比例基本相当。这说明，在工地、户外、办公室这三类场所，外来人口和城市居民的空间隔离程度较高。而在车间和室内营业场所，二者的空间隔离程度较低。

从外来人口工作所涉及的对象来看，大多数都需要和城市居民打交道，这一比例为76.3%（见表5—6），职业中完全与本地居民无关的仅有23.7%。将这一问题与职业场所进行交互分析后发现，在工地和车间工作的外来人口不需要和城市居民打交道的比例较高，分别为52.94%和43.64%，说明建筑工人和产业工人属于较为封闭的职业，其职业特点决定了从事这类职业的人交往外向程度较低，也说明在目前西安市的工业领域中，外来人口工人已经成为新时代工人的主要组成部分。

表5—6　　在工作中是否需要和本单位以外的市民打交道

单位：人、%

	样本数	百分比	有效百分比	累计百分比
需要	373	74.7	76.3	76.3
不需要	116	23.2	23.7	100
合计	489	98.0	100	

资料来源：根据笔者实地调查资料统计。

职业空间距离并不能够完全反映出外来人口与城市居民的隔离程度，客观上的职业空间距离接近并不一定能够代表他们在工作场所会存在社会交往，只有形成有效的社会交往，才能说明这两个群体主观上的隔离情况，因此需要考察他们在工作中的交往状况。调查数据显示，有57.4%的外来人口在工作中经常和本地居民交往，偶尔交往的为27.3%，很少交往和从不交往的占14.3%；在工作中与本单位以外的市民经常交往的占外来人口样本的42.6%，偶尔交往的占34.4%，很少交往和从不交往的占23.0%。这说明在职业空间中，外来人口与城市居民的交往程度还是比较高的。进一步分析在职业空间中外来人口和城市居民的交往内容，发现因工作上的事交往的占72.1%，因私人事务（不包括情感事务）进行交往的占24.2%，因情感交往的占10.2%，纠纷和摩擦交往的占2.3%。这说明外来人口和城市居民在职业空间的交往以事务性交往为主，事务性的交往带有一种必需的、不得不交往的意涵，双方是一种合作关系，是基于理性的交往，不能充分说明二者主动交往的程度。

（二）基于城市居民视角的职业空间隔离

从已有研究来看，外来人口与城市居民从事的职业存在着一定程度的差异，如外来人口主要集中在低技术、劳动密集型的产业（王春兰等，2006），而对于一些政府部门或专业技术部门，外来人口所占的比例极小。因而从外来人口角度描述的二者的职业隔离状况仅能反映出外来人口所在的行业的情况，对那些外来人口无法进入或很少进入的行业和职业，从外来人口角度是无法真正了解的，为此，需要进一步从城市居民的角度对二者的隔离状况进行研究。

1. 城市居民的职业经历

城市居民是一个差异比较大的群体，包括城市原住民和新城市居民，依据户口迁入西安市的时间，可以将城市居民分为三类：出生就在西安、省内迁入和省外迁入三类。其样本构成情况如表 5—7 所示。

表 5—7 城市居民户口类型

单位：人、%

户口类型	样本数	百分比	有效百分比	累计百分比
出生就在西安	216	59.3	62.6	62.6
省内迁入	101	27.7	29.3	91.9
省外迁入	28	7.7	8.1	100
合计	345	94.8	100	

资料来源：根据笔者实地调查资料统计。

从迁入原因来看，因工作迁入占绝大多数，占户口迁入者的 50.4%，工作迁入包括毕业或分配迁入、工作调动及投资经商迁入三种。其中，工作调动和投资经商属于跨地域职业转换者，这两类占城市就业者的 5.8%，说明城市居民中有过其他城市或地区工作经历的有 5.8%，与外来人口中 35.92% 有其他城市工作经历相比，城市居民的跨地域职业流动比例比较低。

除了跨地区职业转换，另一个能够体现职业经历情况的就是在西安市换工作的次数。从调查数据来看，城市居民在本市有换工作经历的比例占样本的 52.38%，与外来人口的 55.83% 相比，稍低一些，说明城市居民的职业稳定性比外来人口要高一些，但差别并不是很大。

因为职业流动包括了向上的、水平的和向下的三种情况，仅从是否发生职业流动这个角度是无法全面了解外来人口和城市居民的职业变动情况的，向上的职业流动和向下的职业流动对于个体的意义大不相同，为此，还要进一步分析外来人口和城市居民换工作的原因。从换工作原因来看，城市居民换工作的第一原因是寻求更好的发展空间，占32.4%；第二原因为收入，占21.2%。这一点与外来人口存在一定差异，外来人口换工作的第一原因为收入；第二原因是发展，说明外来人口比城市居民面临更大的生存压力，或者说，追求经济收益是他们的第一目标，这与以往的研究相吻合，外来人口进入城市的首要目的是赚钱，生存动机是第一位的，在这一基本问题解决后，才有可能去考虑其他方面的需求。

2. 城市居民的职业空间分布

城市居民的职业场所分布如表5—8所示。从城市居民的工作场所可以看出，城市居民的工作环境要优于外来人口，室内营业场所和办公室比例较高，而工地、户外比例很低，这说明外来人口和城市居民的职业空间存在一定程度的分异。

表5—8　　城市居民工作场所分布　　单位：人、%

工作环境	样本数	百分比	有效百分比	累计百分比
工地	9	2.5	2.6	2.6
除工地的户外	33	9.1	9.7	12.4
车间	52	14.3	15.3	27.6
室内营业场所	112	30.8	32.9	60.6
办公室	117	32.1	34.4	95.0
家里	13	3.6	3.8	98.8
其他	4	1.1	1.2	100
合计	340	93.4	100	

资料来源：根据笔者实地调查资料统计。

3. 城市居民与外来人口的职业空间隔离

为了从城市居民角度测量外来人口和城市居民职业空间隔离情况，在市民问卷中设计了“你所在的单位外来人口数量如何”这一题目，选项为“几乎全是”、“多于一半”、“大概一半”、“少于一半”、“几乎没有”，统计结果见表5—9。

从表5—9可以看出，在城市居民角度，外来人口与城市居民的职业空间隔离程度要更高，城市居民所在的单位，外来人口“少于一半”和“几乎没有”的比例达到46.1%，而在外来人口角度，其所在单位城市居民“少于一半”和“几乎没有”的比例为36.5%，这充分说明了城市居民所处的某些行业，对外来人口是封闭的或限制进入的。像政府部门工作人员、管理人员、专业技术人员这类职业中，外来人口的比例要远低于本地居民。从本书调查所得数据也可以看出，外来人口在政府部门工作的比例占样本的0.6%，而城市居民这一比例为5.2%；专业技术人员中，外来人口占样本的7.6%，城市居民占9.6%；管理人员中，外来人口占样本的5.4%，而城市居民占7.1%。这说明在官僚制劳动力市场和专业技术劳动力市场中，外来人口比例低于城市居民，他们大都就职于普通劳动力市场和半熟练体力劳动力市场中。

表5—9 所在单位外来人口数量

单位：人、%

	样本数	百分比	有效百分比	累计百分比
几乎全是	24	6.6	7.3	7.3
多于一半	64	17.6	19.5	26.8
大概一半	89	24.5	27.1	54.0
少于一半	95	26.1	29.0	82.9
几乎没有	56	15.4	17.1	100
合计	328	90.1	100	

资料来源：根据笔者实地调查资料统计。

在职业空间中，本地居民与外来人口经常交往的比例为55.6%，偶尔交往的为25.2%，很少交往和从不交往的为19.2%。与外来人口和本地居民交往的数据相比，本地居民工作中与外来人口交往的程度要低于外来人口和本地居民的交往。在工作单位以外因工作原因同外来人口的交往情况，经常交往的为37.6%，偶尔交往的为36.4%，很少交往和从不交往的为26.1%，交往情况也低于外来人口和本地居民的交往。这种交往上的差别说明了外来人口和城市居民在职业空间上的不对称，外来人口从事的工作需要和城市居民进行交往，而城市居民所从事的工作则并不一定需要和外来人口打交道。例如，外来人口集中的一些以城市居民为工作或服务对象的行业，如家政工、送水工、快递员、商业服务人员、餐饮业从业人员等，他们的工作对象有很大一部分是城市居民，但这种交往只是一种非常肤浅的临时性交往，并不能构成具有真正社会交往意义上的关系，他们的工作空间与城市居民的生活空间重合而并非与城市居民的工作空间重合。

三　外来人口与城市居民的居住空间隔离

居住是一个人生活中最基本、最重要的内容之一，对于中国人尤其如此。农村人对盖房的执着和城里人为买房而经受的各种辛酸都说明安居对中国人的重要程度，“安居”才能“乐业”，这是中国传统的对于住所和职业的认同方式。外来人口在城市中的居住状况如何，不仅关系到其与家人的生活质量，而且也将会决定他对这个城市的认同程度。以下将从外来人口和城市居民两个视角来考察二者的居住空间隔离情况。

（一）基于外来人口视角的居住空间隔离

1. 外来人口的居住状况描述

对外来人口居住状况从外来人口居住的社区类型、住房性质、住房结构、租房费用、居住面积等几个方面进行描述。

第一，外来人口的居住社区类型。

外来人口所在的社区类型会直接决定其所处的城市区位，同时也会影响外来人口与社区居民的关系。刘易斯和甘斯（1962）认为城市中不同区域存在着不同的生活方式，居民互动方式也不同，如城市中的少数民族村落（他称之为都市村落）中存在着如同传统社会村落一样的人际关系——关系亲密、强烈的认同感、社区团结。黎熙元（2008）通过对广州市城中村、老城区、商品住宅区的分析，认为这几类社区的人际关系大不相同，“居民的个人关系结构与具体空间重合的、有一定程度共同参与和认同的社区仍然存在于今天的中国城市中”（黎熙元，2008）。鉴于社区空间在人们互动方式、认同特征上的重要意义，因此，有必要首先对外来人口居住的社区类型进行分析。

从表5—10可以看出，城市中的村庄（包括城中村和城郊村）是外来人口居住的主要场所，二者合计占到外来人口居住场所的37.5%。如果再加上城中村改造小区（11.6%），这一比例会更高，达到49.1%，这与以往许多学者的研究一致，即外来人口主要居住于城市中社区环境不是很好的区域，主要是城中村和城郊村。其次为普通商品房小区（14.3%）、未经改造的老城区（12.7%），其他类型的社区所占比例都比较低。从外来人口的居住社区类型可以看出，外来人口在城市的居住方式以聚居型为主、散居型为辅。

表5—10 外来人口居住的社区类型

单位：人、%

社区类型	样本数	百分比	有效百分比	累计百分比
棚户区	28	5.6	5.9	5.9
未经改造的老城区	60	12.0	12.7	18.6
工矿企业单位社区	23	4.6	4.9	23.4
机关事业单位社区	24	4.8	5.1	28.5
经济适用房小区	27	5.4	5.7	34.2
普通商品房小区	68	13.6	14.3	48.5
城中村改造小区	55	11.0	11.6	60.1
未经改造的城中村	131	26.3	27.6	87.8
未经改造的城郊村	47	9.4	9.9	97.7
高档社区	11	2.2	2.3	100
合计	474	95.0	100	

资料来源：根据笔者实地调查资料统计。

一般来说，城市村庄是外来人口的聚居区域，在这些地方，外来人口与本地居民呈现出“倒挂”的现象，外来人口比例远远高于本地居民，本地居民仅以房东的身份存在于这一居住区，甚至有些房东自己并不在此居住，只是在收取房租或与租客之间有事需要协商解决时才会出现在这一区域。在城市的其他区域，外来人口与城市居民呈混居方式，即外来人口穿插于城市居民之中，一般是与社会阶层地位较低的城市居民混居在一起，从空间位置来讲，混居型的外来人口与城市居民在空间上比较接近。

从聚居形式来看，外来人口聚居大致可分为业缘聚居和地缘聚居两种类型。业缘聚居是指因从事相同或相类似的行业，由于产业的聚集效应而集中居住的外来人口，他们的居住空间和工作场所一般相互重叠或相距不远，形成的往往是一种融生产、经营、居住为一体的区域，如西安拆迁以前的李家村就是这种聚居形态的典型代表。李家村是融服装生产、加工、批发、零售为一体的以江浙人为主的外来人口聚居区，聚集的产业为服装业及其相关的服务业，因为产业相关性，外来人口为了更好地进行经营或出于工作的需要，形成了基于某种产业的聚居区，在这种聚居区，一般是集工作空间和居住空间为一体，大都采用前店后居的方式进行居住和生产。另外，由单位提供集体宿舍的居住方式也可以看作是一种业缘聚居形态，从事相同行业、做着相同工作的人集中居住，建筑业和制造业大都是这种居住方式。除了业缘聚居，还有一种聚居形式为地缘聚居，主要是来自同一个地方的外来人口集中居住在一起，他们彼此为“老乡”关系，如在一些大城市里的“新疆村”、“河南村”、“浙江村”等都属于地缘聚居型。帕克曾指出，移民社区有助于外来移民的顺利融入，外来人口在城市中缺乏根基，加上来自正式途径支持的不足，来自同一地方的“老乡”就成为他们在城市中生存和生活的重要社会关系网络和社会资本，无论是找工作，还是日常生活中的互助方面都起着非常重要的作用。更为重要的是，这种外来移民社区能够给外来人口提供一种心理上的安全感，在陌生的大城市建立起一种熟悉的“亚文化”圈，在这里，他们可以生活在以往熟悉的语言、习俗、文化之中，形成一个心理上的“安全岛”，尤其对于刚刚进入城市的外来人口，移民社区在实际支持和心理支持方面都是非常重要的。在西安市，铁路以北的河南人聚居区和城中心莲湖区的回族人聚居区都属于这种类型，聚居有助于保留外来移民的原有文化，也使得他们在城市中能够形成一种势力，解决因单个人力量无法解决的事情。但业缘聚居和地缘聚居也并不是完全隔离的，有时也会重叠，如江浙人在大城市的聚居一般都是属于这种重叠聚居，他们从事同一行业或相近行业，并且集中在城市中某一区域居住，形成业缘聚居和地缘聚居的重合。

除了聚居以外，外来人口中还有一部分是以散居或混居的形式分布于城市空间，散居型或混居型是指外来人口与城市居民混杂居住，形成两个群体在空间距离上的接近，造成二者混居可能是如下原因的结果：其一，一些城市居民在改善居住条件后，将原来空置的住房出租，空置房位于城市本地居民聚居区，形成外来人口与城市居民的混居；其二，举家迁移的外来人口家庭中对居住条件有一定的要求，在经济上能够承担一定价位房租的，租居于条件较好的城市居民聚居区；其三，租居于下层城市居民居住区形成的混居等；其四，外来人口中经济条件较好的在城市中购买商品住房，与城市居民形成混居。随着外来人口在城市常住人口中比重的不断加大以及城市中能够给外来人口聚居空间的不断减少，与城市居民混居在外来人口中的比例不断增加。

一般来讲，聚居型的居住方式使得外来人口与城市居民之间存在一定的空间距离，也使得他们的社会交往呈现一种“内卷化”的特征，即交往局限于外来人口内部；而散居型的居住方式则容易让外来人口与城市居民在空间上比较接近，有助于外来人口接触到城市居民与城市生活方式，但对于空间距离上的接近是否必然会带来社会距离或心理距离上的缩小还存在着不同的看法。有的研究者认为，混居是非常必要的，同类人聚居会导致贫困亚文化或越轨亚文化的生成，往往会导致社会的不稳定，混合居住可以拉近外来人口和城市居民之间的社会距离。但也有的研究者认为，物质空间的接近并不一定会带来社会距离的接近，相反会增加他们之间的对立情绪。人们一般倾向于选择与自己身份地位相似或相近的人进行交往，强行的混居方案并不能够提供给不同阶层人之间的交流机会；相反，会让贫富差距、地位悬殊以一种更加直观的方式展现出来，放大社会的仇富心态。针对这个问题，孙立平提出了“大混居、小聚居”的居住模式，认为这种模式不仅可以避免各种资源的不合理分配，而且也可以使不同阶层之间保持一定的距离。

第二，外来人口的住房性质。

住房性质主要考察外来人口获得现住房的途径。从表5—11可以看出，外来人口在城市中，有73.6%的人都是租房居住，其中租住私人房子比例最高。另外有12.1%的外来人口是自购房，通过市场途径获得住房。这说明，外来人口在城市中的居住问题主要是通过非公共途径解决的，通过公共途径获得住房的比例微乎其微，这跟我国住房保障制度本身的设计特征有关。从我国的城市住房供给体系的历史演变过程来看，其制度设计主要是针对城市居民的，外来人口基本上被完全排除在城市住房体系之外。如住房体制改革之前，城市居民获得住房主要是福利分配，住房由国家或单位所有，个人支付低廉的租金拥有使用权。当时的情况是住房普遍短缺，城市居民的居住条件也不容乐观，人均居住面积极低而且居住环境较差，仅能满足“住”的功能，舒适性是谈不上的，加上当时严格的城乡二元体制，外来人口的任何权利在城市几乎都是被排除在城市保障体系之外的，城市政府不可能考虑外来人口的住房问题。随着住房体制改革的推进，城市人口通过购买公房、单位集资修建、市场购买等方式拥有自己的住房，而外来人口仍然被排除在这一体系之外。在这些方式中，市场购买相对来讲是一个较为公平的途径，一般不存在太多限制，但外来人口的经济能力有限且工作不稳定，完全通过个人支付获得市场住房不太现实。另外，由于外来人口工作稳定性较差，他们申请银行贷款几乎也是不可能的，因此除了少数的在城市中工作较长时间的外来人口外，大多数外来人口通过市场途径获得住房的能力不足。为了解决城市中低收入人口的住房问题，20 世纪 90 年代中期一些城市开始实行经济适用房和廉租房制度，其对象也是针对城市居民。目前在住房保障体系中，唯一对外来人口开放的是公租房，2010 年 12 月，由住建部、发改委、财政部等七个部门联合制定了《关于加快发展公共租赁住房的指导意见》，第一次将外来人口纳入城市住房保障体系中，解决外来人口的住房问题，外来人口的居住问题在城市中有了制度上的保障。但从目前这一政策的实施情况来看，还并不是非常乐观，有的人甚至担忧其会走经济适用房的老路。从现实来看，首先，这一政策执行时间还不是很长，公租房的供应量比较小，难以满足庞大的住房需求。其次，这一政策是针对所有的城市中人口，包括本地居民、城市新职工、外来人口等，且较少有收入等方面的限制，这使得真正能从这一公共政策途径获得住房的外来人口少之又少。

表 5—11　　外来人口居住的住房性质

单位：人、%

	样本数	百分比	有效百分比	累计百分比
单位免费宿舍	45	9.0	9.9	9.9
租住单位宿舍	24	4.8	5.3	15.2
租住私人房子	294	58.9	64.8	80.0
租住公租房	7	1.4	1.5	81.5
租住廉租房	9	1.8	2.0	83.5
借住亲友家	12	2.4	2.6	86.1
自购房	55	11.0	12.1	98.2
其他	8	1.6	1.8	100
合计	454	91.0	100	

资料来源：根据笔者实地调查资料统计。

以上这种情况也说明，对于绝大多数外来人口来说，在城市中拥有一个稳定的属于自己的居住场所还是一个梦想。租住私人住房的这种居住形式决定了外来人口在城市中住所的不稳定性。本次调查数据显示，没搬过家的外来人口占调查样本的37.7%，从这一数据看，外来人口在城市中的居住场所具有一定程度的稳定性，但进一步分析会发现，搬家次数与外来人口在城市停留时间有非常明显的相关性，相关系数为0.343（皮尔逊相关系数，在0.01水平下显著，单尾检验）。也就是说，在西安停留时间越长，搬家的可能性会越大，在没有搬过家的外来人口中，有26.23%的人来西安不满一年，57.38%的人来西安的时间在三年以下，说明现有外来人口没有搬家的一个很大原因是其到达城市时间不长。随着他在城市停留时间的增加，其居所不稳定的特点可能会显现出来。从调查样本来看，外来人口在城市中的平均搬家次数为4.21次。搬家的第一原因是工作地点更换，占35.8%，这也从另一方面说明了外来人口的职业不稳定；第二原因是房租，占17.9%，主要是房租过高或无法承受现有房租被迫另寻住处；第三原因是拆迁改造，占16%，由于外来人口选择居住的大都是城市村庄或城市中环境较差的地方，而这些地方更容易成为城市改造的对象，拆迁改造也成为外来人口不断搬家的一个重要原因。与城市居民搬家的主要原因相比（排在第一的为购买新房，占26.5%），外来人口的居住空间变动体现出强烈的“职业事件”特征，而城市居民则可以用“生活事件”模式概括。职业的不稳定和缺乏拥有产权的住房使得外来人口很容易因为工作的变动而搬家，有很多人甚至是换一次工作搬一次家。

第三，外来人口的居住条件。

从外来人口的居住条件看，大多数条件较差，其总体居室结构如表5—12，其中，基本的厨房、卫生间完备程度很低，其中有32.83%的外来人口仅有一室可供居住，其他的配套设施厅、厨房、卫生间全都没有。拥有厨房的比例为49.5%；拥有卫生间的比例为55.1%。有一些外来人口的住房从居室结构来看，各种配套比较完备，同时具备室、厅、厨、卫的占调查样本的43.63%，但这并不必然代表其居住条件比较好，很大一部分人居住密度极高，小Tian（某海鲜酒店服务员）反映：“我们住的是三室一厅，饭店提供的，厨房卫生间都有，100平方米左右吧，一共住了30个人，上下铺，还要自己付房租。”这种情况在服务业以及商业场所的营业员中比较普遍。一般是单位提供，免费提供给员工居住或员工个人付一些房租，房租不会很贵，但同住人比较多，真实的居住环境不容乐观。而建筑工人则多住在工地，由单位提供宿舍，居住密度也比较高，同时配套设施不完善。这种高密度的居住形式很容易造成同住人之间的关系紧张，由于个人利益、生活习惯、个性特征的不同，往往会导致矛盾冲突，生活的舒适性、私密性也无从谈起。

表 5—12　外来人口的居室结构

单位：人、%

		样本数	占比			样本数	占比
厅（有效 $N=463$）	无厅	206	44.5	室（有效 $N=463$）	一室	301	65.0
	一厅	213	46.0		两室	118	25.5
	两厅	44	9.5		三室以上	44	9.5
厨房（有效 $N=463$）	无厨房	234	50.5	卫生间（有效 $N=463$）	无卫生间	208	44.9
					一卫生间	239	51.6
	有厨房	229	49.5		两卫生间	16	3.5

资料来源：根据笔者实地调查资料统计。

2. 基于外来人口视角的居住空间隔离

与职业隔离测量类似，用外来人口居住地城市居民的数量来测量外来人口与城市居民的居住隔离程度，问卷中问题为“请问您居住的地方周围本地市民多吗?”，统计结果见表 5—13。

表 5—13　外来人口居住地本地居民数量

单位：人、%

	样本数	百分比	有效百分比	累计百分比
几乎全是	85	17.0	17.3	17.3
多于一半	153	30.7	31.1	48.4
大概一半	117	23.4	23.8	72.2
少于一半	97	19.4	19.7	91.9
几乎没有	40	8.0	8.1	100
合计	492	98.6	100	

资料来源：根据笔者实地调查资料统计。

表5—13显示，在外来人口视角下，外来人口与城市居民总体上呈现出穿插式的居住方式，即外来人口与城市居民是混杂居住的，但同时也表现出一定的聚居特点。具体来看，外来人口居住地周围本地居民“少于一半”和“几乎没有”的比例为27.8%，说明在居住空间上，外来人口与城市居民形成一定程度的居住空间的分异。为了进一步了解在哪类城市空间上二者的居住分异程度最高，将“外来人口居住地本地居民的数量”与“外来人口社区类型”这两个变量进行交互分析，发现外来人口聚居的区域主要是棚户区、城中村和城郊村。在这些地方，本地居民的比例很低，在城中村，本地居民“少于一半”和“几乎没有”的比例为48.1%；在棚户区和城郊村，这一比例分别为42.8%和30.4%。

如果说，职业空间中的交往是基于工作合作的需要，带有一定的强制性，那么，居住空间与本地居民的交往则能够反映出一定的个人意愿，因而居住空间的交往比职业空间的交往更能体现外来人口和本地居民的主观隔离情况。从调查数据看，在居住空间外来人口和本地居民经常交往的比例为26.9%，偶尔交往的为39.0%，很少交往和从不交往的合计为34.1%。对比在职业空间中二者的交往情况，可以发现，外来人口和城市居民在居住空间上的隔离程度更高。

分析影响外来人口居住空间隔离的因素发现，西方普遍认为的社会经济地位和家庭生命周期是影响人们的居住空间选择的重要因素，在分析中国外来人口空间隔离时表现得并不明显，这可能是因为我国城市中的外来人口还是一个相对较为同质的群体，其分化程度还不是很明显。从收入水平看，外来人口的月平均收入为2533.56元，其众值和中位数均为2000元，这表明外来人口中的绝大多数人收入水平较低，收入差距不明显，在外来人口中并未形成明显的社会分层，其收入的微小差异不足以对其择居行为造成影响。关于家庭生命周期对择居行为的影响，一般研究认为，在无子女时，家庭一般会选择城市中心进行居住，有了子女后，家庭一般会由中心城区迁往城郊。在本书中，根据外来人口的特征，将其家庭生命周期分为未婚、已婚配偶未随迁、已婚且配偶随迁、已婚子女随迁四种情形。回归分析后发现，生命周期对其空间隔离程度无显著影响，外来人口的家庭经济状况及生命周期对空间隔离无显著影响，表明自主性因素在外来人口居住空间选择过程中的作用并不明显，他们的居住状况及与城市居民的居住隔离更多受到客观因素的限制。

（二）基于城市居民视角的居住空间隔离

1. 城市居民的居住状况

城市居民所住的社区类型与外来人口存在很大差异，其中最主要的就是城中村和城郊村的比例很低，二者占样本的13.2%，而外来人口这一比例为37.5%。本地居民居住社区以普通商品房小区最多，占到21.4%。从住房性质来看，拥有房屋产权（包括自购房和自建房）比例最多，占调查样本的64.8%，如果再加上原有体制下的免费租住单位房和象征性的付较低租金租住单位房（这两类住房住户不拥有产权，但拥有永久的居住权），拥有居住权的比例将达到77.5%。本地居民租住私人住房的比例为17.7%，远低于外来人口的73.6%。城市居民住房的性质决定了其居住的稳定性要高一些，在城市居民中，从未换过住所的比例占调查样本的41.8%，稍高于外来人口，外来人口这一比例为37.7%。城市居民平均更换住房次数为1.34次，低于外来人口的4.21次。进一步分析城市居民更换住所的原因，发现在更换住所原因上城市居民与外来人口存在一定的差异，有26.5%的家庭更换住房的首要原因是购买了新的住房，属于改善型的搬迁；第二位原因是工作地点更换，占21.9%；第三位原因为拆迁改造。但同样是拆迁改造，对于外来人口和城市居民的意义是完全不同的，对城市居民来讲，拆迁改造是居住环境和居住条件的改善，但对外来人口，则意味着又一次流离失所。

从居住的配套设施看，城市居民独立厨房的拥有率为85.7%，独立卫生间的拥有率为86.3%，都远远高于外来人口。

2. 基于城市居民视角的居住空间隔离

基于城市居民视角的外来人口与城市居民居住空间隔离用市民问卷中的“C7 你所居住的地方周围外来务工人员多吗”来测量，统计结果如表5—14所示。

表 5—14 **城市居民居住地外来人口数量**

单位：人、%

	样本数	百分比	有效百分比	累计百分比
几乎全是	15	4.1	4.2	4.2
多于一半	90	24.7	25.3	29.5
大概一半	89	24.5	25	54.5
少于一半	116	31.9	32.6	87.1
几乎没有	46	12.6	12.9	100
合计	356	97.8	100	

资料来源：根据研究者实地调查资料统计。

从表 5—14 可以看出，站在城市居民角度，城市居民与外来人口居住空间上也存在一定程度的隔离，居住隔离程度要高于从外来人口角度的居住隔离。在城市居民所居地外来人口“少于一半”和“几乎没有”的比例为 45.5%，而在外来人口所住区位，城市居民“少于一半”或“几乎没有”的比例为 27.4%。这说明城市居民所居住部分空间是较为封闭的，外来人口很少进入或无法进入，同时，外来人口所居住的某些空间中，城市居民也很少进入。

为了更进一步了解到底在哪类社区中容易形成外来人口和城市居民的居住空间隔离，分别将外来人口问卷中“C8 请问您居住的地方周围本地市民多吗”和市民问卷中“C7 你所居住的地方周围外来务工人员多吗”与居住社区类型分别进行交互分析，结果发现，外来人口与城市居民隔离较严重的社区是机关事业单位小区、经济适用房小区和城郊村。其中，机关事业单位小区、经济适用房小区、高档社区为城市居民聚居区，在这三类社区中，外来人口比例极低，分别为 8.7%、7.4% 和 0。究其原因，机关事业单位小区一般都是封闭性小区，如大学教职工居住社区、研究所社区、大型国有企业社区，这些单位因为沿袭了计划经济体制下的住房分配模式，通常都是单位集资建房，价格较低而且集中居住，所建房子一般以自居为主，只卖给或分给内部人员，并不对外开放，单位外部人员几乎没有可能获得这种住房，因而外来人口比例很低，为数不多的外来人口为租住于此。经济适用房是针对城市或城镇居民推出的，针对中低收入家庭出售的住房，具有一定的社会保障性质，主要是由城市政府组织，由开发商或单位集资修建的，其购买者只能是城市居民，因而在经济适用房小区中，外来人口比例较低，少数的居住于此的外来人口可能是借住在购买了经济适用房的亲友家。而高档社区外来人口比例为0，这主要是由外来人口较低的经济地位决定的，高档社区高昂的房价不是一般收入家庭所能承受的。以上这三类社区中城市居民比例较高。而城郊村社区为外来人口聚集区，本地居民比例极低，仅占9.1%。城郊村兼具城市和乡村的双重特征，它离城市比较近，但在很多方面还保留了农村的特征，如果仅考虑本地人的话，人口密度非常低，但加上外来人口，人口数量就比较多了，人口密度也较高。城郊村由于远离城区，房租比较便宜，许多对通勤要求不是很高或从事需要占据一定空间行业的外来人口往往会选择这些地方居住，如物流、收废品、加工作坊、小厂房等都集中在这些地方。随着城市改造，越来越多的城中村被拆除，许多外来人口被迫一步一步向城市外围迁移，这也导致了城郊村外来人口的增加。

（三）外来人口与城市居民空间关系类型

从与本地居民的空间距离和农民工在城市中居所的稳定性程度两个维度出发，可将外来人口与本地居民的空间关系概括为四个理想类型，如表5—15所示。

表5—15　外来人口与本地居民的空间关系类型

	与本地居民隔离	与本地居民混居
居所固定	Ⅰ	Ⅲ
居所流动	Ⅱ	Ⅳ

Ⅰ是固定隔离型，即外来人口长期固定居住于某个以外来人口为主的社区，形成与城市居民的空间隔离。固定隔离的外来人口主要以居住在城中村、城郊村或未经改造的棚户区出租房为主，虽然这种空间关系类型在外来人口中依然存在，但随着城市更新和城市改造步伐的加快，这种居住模式变得越来越难以为继。在调查中发现，有16%的外来人口搬家是因为拆迁或城市改造，但在通常的城市改造过程中，城市政府考虑的只是本地居民的住所，拆迁补偿或回迁房的分配也是以城市居民为对象的，对于居住在这个空间中的外来人口向何处去，通常不在城市政府的考虑范围之

列。这些外来人员只能通过自己的努力寻找新的住所。

Ⅱ是流动隔离型，即外来人口在城市中居所变动频繁，但无论怎样变动，始终居住于外来人口聚居区，形成与城市居民的隔离状况。流动隔离型是外来人口与城市居民的最主要空间关系类型，由于工作稳定性差且住房大多为租住，他们更换住所比起拥有自己住房的人更为容易，再加上城市改造等客观原因，相当一部分外来人口在城市中流动于各种外来人口聚居区。流动隔离型既不利于外来人口建立起基于同类群体的社区关系网络，同时也使得他们和本地居民分隔于两个空间相异的地域，形成比实际物理分割更强的隔离效应（江立华、谷玉良，2013），是一种最不利于外来人口城市融入的居住类型。

Ⅲ是固定混合型，即外来人口长期稳定地与城市居民混居在一起。这种类型在外来人口中比较少见，但自20世纪80年代外来人口进城到现在已经有30多年，这30多年的时间足以在外来人口内部产生社会分层。从分层的角度来说，这部分人属于外来人口中的上层或中上层，他们可以称为准市民身份的外来人口（谢建社，2006）。对于这部分外来人口（其中大部分是举家外出型），除了农民身份外，其他方面与市民差异不是太大，其中的大多数已经在城市中购买住房，且居住在与城市居民混合的社区中，由市民身份缺失而带来的一些福利保障问题，他们一般通过经济手段来解决。从居住空间角度促进外来人口城市融入来说，固定混合型是最为理想的居住方式，固定混居给外来人口和城市居民提供了一种空间地域上的接近，客观上提供了这两类群体交往的基础。如果说职业空间中的交往是基于工作合作的需要，带有一定的强制性，那么，居住空间与本地居民的交往则能够反映出一定的个人意愿，如果能在混居的基础上形成有效的社会交往，对于外来人口群体的城市融入以及外来人口和城市居民群体的互相接纳有着现实的实际意义。

Ⅳ是流动混合型，指的是外来人口虽然在城市中居所变动频繁，但从其所居住的社区类型来说，大都是与城市居民混居的社区。这部分外来人口主要是租住于城市居民空置出来的以城市居民为主的社区，如老城区的旧房子、一些单位制社区以及部分商品房小区，租住这类房子多是家庭式迁移的外来人口，租住单间不方便。还有一些服务性行业因为地处城市较为中心的地段，出于上班便利性考虑，由所在单位或个人联合的形式，几人合租位于以城市居民为主的社区。但因为房租或工作稳定性等原因，他们经常更换住所，但无论怎样更换，都会选择租住单元房而非城中村的平房。

四　外来人口与城市居民的公共空间隔离

公共空间是乡村社会和城市社会的一个重要区别。在传统的乡村社会中，公共空间与私人空间的界限不是很明显，人们的隐私观念也不是很强，家庭往往就是一个半公共的社会交往的场所，相互的串门、互借农具、帮忙等使得乡村居民进入他人家中非常频繁而且很容易。在农闲的时候，他们会聚到某个人家里，聊天、吃饭、喝酒、娱乐，在这个过程中，交流村庄内和村庄外的有关信息，增进人与人之间的相互交往，因而村庄交往有很大一部分是在私人空间中完成的。而在城市社会中，公共空间和私人空间之间的区分比较明显，家庭是一个完全的私密空间，人与人之间的交往一般是在家庭以外完成的，各种各样的公共空间为人们提供了这样的场所。在城市中，公共空间除了是一个人际交往的物理场所，同时还是物质消费的空间载体。消费作为人存在的一个重要属性，不仅仅承担着为人们提供劳动力再生产的功能，而且还起着彰显身份、划分阶层、区别地位的作用，对消费研究的重视已经成为学术界关注的重点，有些学者甚至建议从消费出发来划分阶层（李培林，2000）。凡伯伦在《有闲阶级论》中就曾指出，一些新富阶层通过消费的象征意义将自己与一般的劳动阶级相区别。消费不仅是一种具体物品的消耗，同时也包括对物品存在的空间的消费，消费的象征意义不仅仅体现在消费品本身上，而且也体现在出售消费品或服务的物理空间上，消费何种物品和在何处消费这种物品都是一定身份和地位的象征，高档商场、一般商场、街头小店、地摊这些空间本身就起到一种身份区隔的作用；去音乐厅、美术馆欣赏艺术作品也是阶层地位的一种体现。正是因为公共空间所蕴含的社会分层意义，对外来人口和城市居民在公共空间的使用情况进行研究就显得非常有必要。

对外来人口与城市居民的公共空间隔离主要从两个方面来考察：一是日常购物空间；二是休闲娱乐空间。

（一）外来人口与城市居民的购物空间

购物包含的内容非常广泛，这里主要考察外来人口和城市居民日用品和衣服的购买场所，选择这两个指标主要是基于这样一种考虑：外来人口构成复杂，其消费重点也不尽相同，如有些家庭式迁移的外来人口可能会购买一些耐用消费品、家电家具，而单独外出的年轻外来人口则没有这方面的需求；年轻人可能会有电子产品的需求，而年纪较大的外来人口这方面的需求较少。为了使测量更具有普遍性，因而选择了无论何种年龄、性别的外来人口都必需的物品——衣服和日用品，来了解他们的购物场所。在外来人口问卷中，将外来人口购买衣服的场所分为六种，分别为商场、服装广场、街面商铺、批发市场、超市、地摊。调查数据显示，外来人购买衣服的场所比例分别为批发市场25.6%；商场19.3%；超市3.9%；地摊7.0%；街面商铺37.2%；服装广场6.5%。可以看出，外来人口购买衣服的主要场所为街面商铺和批发市场，二者合计占调查样本的62.8%，表明外来人口购买衣服以中低档为主。将收入与购买衣服场所进行交互分析发现二者存在明显相关，收入在6000元以上的在商场中购买衣服比例为63.6%；在批发市场购买衣服的人中，有81.1%的人月收入在2000元以下，由于街面商铺是一个涵盖了从高档到中低档的购物场所，因而没有表现出与收入的相关性，但从总的情况看，收入与购物场所基本是存在一个正向的相关关系，即收入越高，购物场所档次越高。外来人口的月收入大都集中在1500—2000元之间，购物场所以中低档的批发市场为主。从城市居民购买衣服的场所来看，从高到低依次为街面商铺，占35.7%；大商场，占31.7%；批发市场，占15.7%；超市，占8.0%；服装广场，占7.0%；地摊，占2.0%。与外来人口购买衣服场所进行对比，城市居民的购物场所档次普遍要高一些，城市居民在大商场购买衣服的比例要远高于外来人口，同时在批发市场购物的比例低于外来人口，这说明二者在购物空间上存在一定程度的“错位”，这种购物空间的“错位”主要是由收入差异而导致，与外来人口平均收入相比，城市居民的收入要高（外来人口与城市居民平均收入分别为2533.6元/月和2934.9元/月）。除了平均收入外，外来人口中高收入人口的比例远低于城市居民，月收入在4000元以上的外来人口比例为10.9%，而城市居民这一比例为22.2%。

外来人口购买日常用品的场所以大超市和附近商店为主，大型超市占50.4%，附近商店占42.1%。城市居民购买日常用品同样也是以超市和附近商店为主，其中，大型超市占70.8%，附近商店占24.7%，二者也存在一定程度的空间上的差异。分析造成这种差异的原因：第一，是这两类场所日常用品存在价格差异，相对来讲，大型超市的日用品价格要偏高一些；第二，与大型超市所处的区位有关，一般来说，大型超市多位于城市居民区，辐射一定的范围，而外来人口大多是以聚居的形式住在城中村或城郊村，在这附近很少有大型超市存在，而日常用品的购买主要遵循的是就近、方便原则，在选择这类产品时人们一般不会刻意选择某类购物场所，也不会专门跑很远的路或花很长时间进行选购。在这一原则的支配下，处于这些区域的外来人口便会选择在附近商店购买。

（二）外来人口与城市居民的休闲娱乐空间

1. 外来人口休闲活动特征

休闲娱乐活动受到很多因素的限制，是一项有“闲”有“钱”的活动，因而许多对外来人口休闲或闲暇的研究都是从他们的劳动时间长短开始的。大多数研究成果表明，外来人口劳动时间长，闲暇时间不多，如国家统计局发布的《2011年我国农民工调查监测报告》显示，农民工平均每个月工作25.4天，每天工作8.8小时。每周工作超过5天的占83.5%，每天工作超过8小时的占42.4%，32.2%的农民工每天工作10小时以上。其中，住宿餐饮业的周工作时间最长，2009年的农民工监测报告显示住宿餐饮业的工作时间为61.3小时/周。工作时间长导致的两个后果：一是可用的休闲娱乐时间减少；二是过长的工作时间需要在工作之余用一定的时间进行休息用于恢复劳动力，这客观上会降低外来人口对休闲娱乐空间的使用。除了工作时间长以外，收入水平也是制约外来人口进行休闲活动的客观因素。另外，文化程度的普遍偏低也决定了外来人口精神层面的休闲活动较少。几乎所有的关于外来人口闲暇时间使用的调查都显示，在外来人口的闲暇时间分配上，排在第一的是睡觉和看电视，这两种方式属于一种个体活动，不具有交往性质；第二为与朋友聊天、聚会、读书看报等，这种类型一般在年轻的外来人口中较为常见，具有一定的社会交往性质；第三是旅游、运动、看电影、听音乐、去图书馆等具有一定享受生活并具有一定文化消费意义的活动，这种活动一般也是存在于年轻的外来人口中，但并不具有普遍性，属于外来人口中的少众娱乐方式。

总的来说，外来人口真正用于休闲娱乐的时间较少，而且大都以花费较少的活动为主，休闲娱乐活动的外向性较低，文化消费少。

2. 外来人口与城市居民闲暇活动空间差异

本书关注的主要是跟空间有关的闲暇活动情况，考察在公共空间使用上外来人口与城市居民的差别，一般性的休闲娱乐如睡觉、看电视、打牌等不使用公共空间的活动不包括在内。休闲娱乐中公共空间的使用在本书中用了九个方面的指标来衡量，分别为公共图书馆，书店（图书市场），博物馆，音乐厅、美术馆，体育馆，儿童、青少年活动中心，公园、动（植）物园，电影院，咖啡馆、茶馆、酒吧。外来人口与城市居民使用以上这些空间的情况如表5—16所示。

表5—16　　外来人口和城市居民去过如下公共空间的比例

单位:%

公共文化空间	农民工	城市居民	差别
公共图书馆	38.6	54.8	16.2
书店（图书市场）	49.5	66.5	17.0
博物馆	30.9	49.4	18.5
音乐厅、美术馆	20.8	31.3	10.5
体育馆	30.9	47.4	16.5
儿童、青少年活动中心	23.6	41.8	18.2
公园、动（植）物园	65.9	82.7	16.8
电影院	44.6	62.5	17.9
咖啡馆、茶馆、酒吧	37.8	48.0	10.2

资料来源：根据笔者实地调查资料统计。

从表5—16可以看出，除了有半数以上的外来人口去过公园、动（植）物园外，绝大多数的外来人口均未使用过其他休闲空间，去过的比例均不到一半，去过那些具有文化或艺术性质的公共空间的比例更低，如去过音乐厅、美术馆的比例仅为20.8%，去过博物馆的为30.9%。相对而言，城市居民对公共空间的使用要多于外来人口。

是否去过以上各类公共文化空间能从一定程度上说明农民工和城市居民对公共文化空间的使用情况，但还不能完全表明他们对这些空间的使用程度，对公共文化空间出于浏览、旅游、猎奇目的进行使用和当作日常休闲娱乐方式进行使用对个体来讲具有不同的意义。一般而言，出于前者目的的使用多为一次性使用，而出于后者目的则是多次使用。为了更进一步分析农民工和城市居民对公共文化空间的使用程度，在农民工和城市居民问卷中，均设计了题目将他们对公共文化空间的使用频率进行了测量，在这里，将"从不"、"偶尔"、"经常"分别赋值为0、1、2，计算其均值，统计结果如表5—17所示。

从均值来看，农民工的各类公共文化空间使用水平都比较低，"公园、动（植）物园"的均值较大，为0.89；水平最低的是"音乐厅、美术馆"，仅有0.25；其他的七类指标，均值也不是很高，大部分在0.5以下。将农民工与城市居民公共文化空间使用均值进行比较，可以看出，在九个指标上，农民工的消费水平无一例外地低于城市居民。由此可见，农民工的公共文化空间使用不仅在绝对水平上比较低，相对于城市居民来讲，也存在一定程度的差异。

表5—17　　外来人口和城市居民公共空间使用对比

	农民工		城市居民	
	均值	标准差	均值	标准差
公共图书馆	0.47	0.654	0.65	0.654
书店（图书市场）	0.58	0.646	0.85	0.704
博物馆	0.36	0.584	0.53	0.574
音乐厅、美术馆	0.25	0.513	0.35	0.556
体育馆	0.40	0.647	0.61	0.715
儿童、青少年活动中心	0.28	0.531	0.51	0.667
公园、动（植）物园	0.89	0.754	1.18	0.705
电影院	0.59	0.725	0.78	0.693
咖啡馆、茶馆、酒吧	0.48	0.673	0.60	0.697

资料来源：根据笔者实地调查资料统计。

以上数据说明，在休闲意义上对公共空间的使用，外来人口也普遍低于城市居民。为了了解哪些外来人口群体更经常使用公共空间，以下利用logistic模型，将外来人口的公共文化空间使用情况作为因变量，将以下四类变量作为自变量：①个人特征：主要包括农民工的性别、年龄、教育程度、婚姻状况、收入等人口学特征；②家庭特征：主要包括是否有子女、子女是否随迁、配偶是否随迁三个变量；③职业特征：包括务工时间长短、单位性质、是否有职业资格证书三个变量；④城市认同：包括与城市居民的交往意愿、身份认同和留城意愿三个方面，分析影响外来人口公共空间使用的影响因素。

因为在测量时，共选取了九个指标（在做因子分析时，剔除了网吧这一选项）对外来人口公共文化空间进行测量。为了简化指标和将指标进行归类，对这九个指标进行主成分分析，共提取了两个公因子，根据因子所反映的内涵将这两个因子分别命名为“休闲文化空间”和“知识文化空间”。将这两方面的公共文化空间作为因变量。

回归分析后发现（见表5—18），在人口特征中，代际差异、教育程度和收入水平三个因素对外来人口公共文化空间消费水平有显著影响。新生代外来人口在休闲文化空间上的消费水平要高于老一代农民工；在教育程度上，初中和高中（中专、技校）与小学文化水平的农民工相比，不存在休闲文化空间消费水平上的差异，但大专以上文化程度的农民工与小学文化程度农民工相比，其休闲文化空间消费水平要高；收入对休闲文化空间消费水平有着正向的显著影响，收入水平越高，休闲文化空间消费程度越高。家庭特征和职业特征对农民工休闲文化空间消费水平均无显著影响。在城市认同方面，外来人口与城市居民的交往意愿和外来人口自己的身份认同对其休闲文化空间有显著正向影响，与城市居民交往意愿越强，其休闲文化空间消费水平越高，越认同自己的城市人身份，休闲文化空间消费水平越高。

从知识文化空间模型可以看出，教育程度、是否有职业资格证书、个体的身份认同三个因素对外来人口的知识文化空间消费水平有显著影响。教育程度在大专以上的比小学教育程度的外来人口对知识文化空间的使用程度要高，拥有职业资格证书的外来人口倾向于更多使用知识文化空间，越是认同自己的城市人身份，对知识文化空间的使用程度越高。

表 5—18　　农民工公共文化空间消费的影响因素回归分析

		休闲文化空间	知识文化空间
个人特征	代际（新生代 =1）	0.473* （2.32）	0.431（1.95）
	性别（男 =1）	-0.0247（-0.18）	-0.0997（-0.65）
	教育程度		
	初中（以“小学及以下”为参照）	0.161（0.62）	0.163（0.58）
	高中（以“小学及以下”为参照）	0.318（1.15）	0.309（1.03）
	大专以上（以“小学及以下”为参照）	0.673* （2.25）	0.749* （2.31）
	收入对数	0.263* （2.00）	0.0843（0.59）
家庭特征	配偶随迁（随迁 =1）	-0.196（-1.00）	-0.263（-1.24）
	子女（有 =1）	0.167（0.63）	0.402（1.39）
	子女上学地（本地 =1）	0.237（1.07）	0.282（1.18）
职业特征	务工时间长短	-0.000504（-0.04）	0.00218（0.16）
	职业资格证书（有 =1）	0.152（0.97）	0.373* （2.20）
	企业性质		
	非公有制企业（以“公有制企业”为参照）	-0.279（-1.59）	-0.0844（-0.45）
	政府事业单位（以“公有制企业”为参照）	-0.116（-0.36）	0.0649（0.19）
城市认同	与城市居民交往意愿	0.148* （1.98）	0.128（1.58）
	留城意愿	0.181（1.78）	0.0304（0.28）
	身份认同	0.270* （2.57）	0.288* （2.54）
	_cons	-2.993**（-2.80）	-1.488（-1.28）
	N	433	433
	R^2	0.2307	0.1638
	调整后的 R^2	0.1992	0.1296

对比外来人口休闲文化空间与知识文化空间使用的影响因素，可以发现，这两类空间的影响因素存在一些差异：代际因素对休闲文化空间有显著影响而对知识文化空间无影响，说明新生代外来人口比老一代外来人口更喜欢那些娱乐性的文化消费，这与年轻人容易接受新鲜事物、喜欢流行及时尚休闲活动有关。另外，新生代外来人口与老一代外来人口相比，未婚的比例较大，他们有更多的时间与精力与同辈群体共同度过，他们也比老一代外来人口更在意获得同龄人的认同。收入对休闲文化空间有影响而对知识文化空间无显著影响，这主要是因为休闲文化空间大多是需要花费金钱才能消费，而知识文化空间则大多是一些公开免费场所或消费水平不高的场所，如公共图书馆、博物馆都属于免费开放，书店或图书市场属于一种半免费的场所，可以花费金钱消费也可以免费阅读。是否有职业资格证书对休闲文化空间无影响而对知识文化空间的使用有影响，这在一定程度上说明那些人力资本更高的外来人口更倾向于通过进一步的学习来提升自身知识素养或能力。与城市居民的交往意愿对休闲文化空间有影响而对知识文化空间消费无影响，主要是因为休闲文化空间相对于知识文化空间来说，具有更强的交往功能，像体育馆、电影院、咖啡馆、茶馆、酒吧这些场所，一个人单独消费的可能性较小，一般都是朋友交往、聚会或事业上的合作伙伴交谈才会去消费的，而知识文化空间则是安静的、适合独处的场所。

对公共空间的使用除了个体自我休闲娱乐以外，还有一个重要的功能就是与人交往，外来人口在公共空间使用过程中的人际交往情况如何？公共空间的使用是否有助于外来人口与本地居民的交往，下面将通过数据对这个问题进行说明。在本书中，将外来人口在公共空间中的人际关系类型分为九类，分别为配偶或伴侣、孩子、亲戚（外来人口）、亲戚（城市居民）、老乡、同事（外来人口）、同事（城市居民）、朋友（外来人口）、朋友（城市居民），考察在每一种公共空间使用过程中的交往对象主要是哪类人。统计结果如表5—19所示。

从表5—19可以看出，在公共空间使用过程中的交往总体上呈现出内部交往的特征，无论在哪种公共空间，都以家庭内部成员交往为主，尤其是以夫妻或恋人为最多，除了儿童、青少年活动中心与孩子同去以外，其余八类空间均以与配偶同去为主。再来看家庭成员以外的公共空间交往

(见表5—20)，将外来人口的交往对象按外来人口和城市居民分为两类，将老乡、外来人口亲戚、外来人口同事、外来人口朋友归为外来人口，将市民亲戚、市民同事、市民朋友归为城市居民。对比其交往对象中的外来人口与城市居民比例发现，外来人口在公共空间中的交往存在着一定程度的地域隔离，他们的交往对象还是以外来人口为主，除了在体育馆上交往以本地居民为主外，其余九类空间交往都是以外来人口为主，呈现“内卷化”特征。

表5—19　　公共空间中的人际交往状况

交往对象类型	公共图书馆	书店（图书市场）	博物馆	音乐厅、美术馆	体育馆	儿童、青少年中心	公园、动（植）物园	电影院	咖啡馆、茶馆、酒吧	网吧
配偶	30.3	29.3	36.2	31.9	28.9	29.5	43.7	55.9	40.6	23.7
孩子	19.4	26.5	23.1	11.0	13.3	46.7	29.6	14.4	5.5	4.1
老乡	11.4	7.9	7.7	11.0	9.4	8.6	6.3	7.2	8.5	12.4
外来人口亲戚	4.0	3.7	8.5	4.4	7.0	1.9	4.9	1.5	2.4	2.6
外来人口同事	8.0	7.4	2.3	12.1	6.3	5.7	8.8	9.7	13.3	9.3
外来人口朋友	10.3	9.3	10.0	9.9	10.2	6.7	7.4	9.7	19.4	16.0
市民亲戚	1.1	1.9	2.3	2.2	3.1	2.9	4.2	2.6	6.1	2.6
市民同事	10.3	9.3	10.8	13.2	23.4	9.5	9.5	9.2	12.7	13.4
市民朋友	7.4	6.0	6.9	9.9	12.5	4.8	7.4	7.7	12.1	11.9
自己	9.7	9.8	3.8	1.1	2.3	0.0	2.1	0.5	0.6	17.0
其他	5.1	4.7	4.6	7.7	2.3	5.7	5.6	2.6	4.2	3.6
N	175	215	130	91	128	105	284	195	165	194

数据来源：根据笔者实地调查资料统计。

表 5—20 外来人口公共空间交往对象构成情况

公共空间交往对象	公共图书馆	书店（图书市场）	博物馆	音乐厅、美术馆	体育馆	儿童、青少年中心	公园、动（植）物园	电影院	咖啡馆、茶馆、酒吧	网吧
外来人口	33.7	28.3	28.5	37.4	32.9	22.9	27.4	28.1	43.6	40.3
本地居民	18.8	17.2	20.0	25.3	39.0	17.2	21.1	19.5	30.9	27.9

资料来源：根据笔者实地调查资料统计。

本来，使用这些公共空间的人在外来人口中的比例就比较低，能够使用这些公共空间的人应该属于外来人口中的“精英”部分，他们具有年轻、收入相对较高、消费观念超前、懂得享受生活等特点。但即使是这样的一个群体，他们和城市居民之间仍然存在着一定程度的隔离，可想而知，其他一般的外来人口群体与城市居民之间的隔离程度会更大。

用同样的方法对市民在公共空间中的交往情况进行分析，发现城市居民公共空间交往也呈现家庭内部交往特征，所不同的是，子女在家庭内部的地位比较突出，许多公共空间的使用都以孩子为主，尤其是有助于增长知识、提高修养的公共空间使用上更是如此，如图书馆，书店，体育馆，少儿活动中心，公园、动（植）物园等，都以与子女共同前往为最多。除了家庭内部交往外，在公共空间使用上的外部交往也呈“内卷化”特征，交往对象以市民为主（见表 5—21）。

表 5—21 城市居民公共空间交往对象构成情况

交往对象类型	公共图书馆	书店（图书市场）	博物馆	音乐厅、美术馆	体育馆	儿童、青少年中心	公园、动（植）物园	电影院	咖啡馆、茶馆、酒吧	网吧
外来人口	12.5	11.1	16.4	8.2	20.6	14.0	14.4	11.9	27.0	39.1
本地居民	16.6	16.2	18.3	25.8	24.2	10.8	19.8	22.6	39.0	44.8

资料来源：根据笔者实地调查资料统计。

从外来人口和城市居民的公共空间使用情况可以看出，无论是从绝对水平还是与城市居民相比，外来人口的公共文化空间消费水平都比较低。

公共文化空间并没有发挥搭建农民工与城市居民交往的平台的作用，在各类公共文化消费过程中，无论是外来人口还是城市居民，交往都表现出“内卷化”特征，即以群体内部交往为主。

外来人口中的年轻人比老一代对公共文化空间的消费愿望更强烈，尤其是对休闲娱乐空间的使用，但受制于收入的限制，他们中的相当一部分被排除在公共文化空间使用之外。除了客观经济条件的限制外，公共文化空间消费要求其消费者必须具备一定的文化水平，且是较高的文化水平，由于文化水平的限制，许多外来人口自身不具备公共文化空间消费的能力。相对而言那些有强烈融入城市意愿的外来人口更愿意去消费和使用各类公共文化空间，这部分外来人口已经不再将城市当作单纯的挣钱场所，他们希望在更深层次上融入城市生活中，在日常生活或工作中能够主动地了解城市文化生活方式并参与其中。

五　外来人口的三种城市空间维度之间的关系

以上从三个方面对外来人口的城市空间分布状况及其与城市居民之间的空间隔离状况进行了详细描述，但这种维度上的区分只是为了研究的方便和写作思路的清晰。事实上，这三个维度的空间不是截然分开的，它们总是交织在一起，是一种相互依存的关系。

对于外来人口来说，职业空间是决定性的，外来人口在城市中的空间选择多以职业为主导，由职业空间来决定居住空间和公共空间。由于大多数外来人口进入城市的首要目的是经济目的，在职业选择上也多以经济标准为首要考虑因素，同时，他们中的大多数在城市中并不拥有具有产权的房产，居住场所不稳定，因此，当职业空间与居住空间发生冲突时，他们通常会放弃原有的居住空间，根据职业区位重新寻找住所。

从大的城市空间区位上来看，外来人口的居住空间受到他们工作区位的制约，但由于城市更新和城市改造，外来人口已经不像以前那样能够轻松地在城市中找到适合自己居住的场所，居住空间与工作空间的距离趋于扩大。

对于公共空间，由于较低的经济收入，外来人口对公共空间尤其是有偿公共空间的使用并不是很多，休闲娱乐活动更倾向于选择那些不需要太多花费的项目，范围一般不会很大，通常是围绕着职业空间或居住空间，以职业空间或居住空间为中心分布于其周围。

六　本章小结

本章从实地调查资料出发，对外来人口与城市居民在职业空间、居住空间和公共空间三个方面的隔离状况进行描述，并比较基于外来人口立场和基于城市居民立场的空间隔离差异。结果发现：

（1）在职业空间上，基于城市居民立场的隔离程度要高于基于外来人口立场的隔离程度，这说明城市中的某些职业对于外来人口是封闭的或者是外来人口无法进入的。外来人口的职业聚集于某些特定行业。

（2）在居住空间上，外来人口呈现出同类聚集的特征，在居住空间的交往上“内卷化”倾向明显。与职业空间交往相比，外来人口与城市居民在居住空间上的隔离程度更高。

（3）在购物空间上，外来人口与本地居民也呈现出一定的差异，本地居民在高端消费场所购物的比例要高于外来人口。外来人口对休闲娱乐空间的使用频率要低于本地居民，这一方面与他们的经济能力有关；另一方面也和其劳动时间过长、缺乏休闲时间有关。在公共空间使用过程中，并未形成外来人口与本地居民的有效交往。

（4）在职业空间、居住空间还是公共空间上，外来人口与本地居民都表现出一定程度的隔离，其中职业空间隔离程度较小，居住空间隔离较大。在公共空间的使用上，外来人口与本地居民存在一定差距，无论是在居住空间还是公共空间上，外来人口和城市居民均呈现出内部交往特征。

第六章　空间隔离对外来人口城市融入的影响

本章主要对外来人口的城市融入水平及空间隔离对城市融入水平的影响程度进行分析。在城市融入水平上，分别测量了经济融入、生活融入、社会融入、身份认同和社会距离五个层面以及城市融入总水平。在此基础上，选择职业空间和居住空间的两个代表性指标，对空间隔离和外来人口城市融入水平之间的数量关系进行分析。

一　外来人口城市融入的测量

社会融入既是一个理论概念，同时也是一个经常被用于实际测量的概念，无论对社会融入的概念界定存在怎样的分歧，但公认的一点就是：社会融入是一个多维度的概念。正是因为这一点，我们会发现，虽然社会融入的测量指标五花八门，但几乎所有的学者在制定测量指标时一般都是先进行维度的划分，接着制定进一步的测量指标。国内的社会融入测量主要是针对外来人口的城市融入，其测量在思路上借鉴了西方的移民城市融入研究，但在具体的维度和指标选择上，针对中国特色发展出了多种多样的指标体系。从现有文献来看，对外来人口的城市融入测量在维度的划分上存在着一些相似或共同的地方，但在测量指标上却呈现出很大的差异，表6—1是对国内有代表性的社会融入测量的总结。

表 6—1 有关外来人口社会融入测量指标体系梳理

研究者和研究对象	社会融入测量的维度	具体指标
田凯（1995）农民工	经济层面、社会层面、文化和心理层面	（1）职业；经济收入；居住条件 （2）闲暇时间利用；消费方式；社会交往 （3）归属感（是不是城里人）；价值观（与农村同伴相比）
朱力（2002）城市农民工	经济、社会和心理层面	（1）收入消费结构 （2）闲暇时间安排；与城市居民的交往情况 （3）农民工的身份定位
风笑天（2004）三峡移民	经济、心理、生活三个层面（通过九个指标提取的三个因子）	（1）对经济发展、收入提高的信心；搬迁后家庭经济收入是否提高；对家庭收入的满意状况；对住房状况的满意状况 （2）是否怀念搬迁前居住的地方；是否想念搬迁前的熟人 （3）对搬迁后的生产劳动是否适应；对搬迁后的邻里关系满意状况；对安置地的生活习俗是否适应
杨黎源（2007）宁波外来人口		风俗习惯；婚姻关系；工友关系；邻里关系；困难互助；社区管理；定居选择；安全感
张文宏等（2008）上海新移民	文化、心理、身份和经济（根据十一项社会融合指标提取的四个因子）	（1）本地语言掌握程度；熟悉本地风俗程度；接受本地价值观程度 （2）社会满意度；职业满意度；住房满意度 （3）职业稳定程度；身份认同程度；拥有户口情况 （4）亲属相伴人数；添置房产意愿
王桂新等（2008）上海农民工	居住条件、经济生活、社会关系、政治参与、心理认同	（1）住房类型；生活设施 （2）工作稳定性；收入水平 （3）职业阶层地位、自己的关系网、子女的关系网 （4）工会参与；党团组织参与 （5）对本地居民的信任度；自身的身份认同

续表

研究者和研究对象	社会融入测量的维度	具体指标
关信平、刘建娥（2009）五大城市和天津华章里社区农民工	就业市场融入、社会保障体制融入、城市社区融入、其他	
杨菊华（2010）流动人口	经济整合、行为适应、文化接纳、身份认同	分二级指标和三级指标，二级指标体系为： （1）就业机会；职业声望；工作环境；收入水平；社会保障；居住环境、教育培训 （2）人际交往；生活习惯；婚育行为；人文举止；社区参与 （3）价值观念；人文理念 （4）心理距离；身份认同 三级指标略
王佃利等（2011）新生代农民工	经济融入、社会融入、制度融入、文化融入和心理融入	（1）收入水平；居住条件；消费方式 （2）市民生活方式；社会支持网络 （3）社会管理、社会服务、政治参与 （4）城市认同感；融入城市文化

注：本表借鉴了周皓在《流动人口社会融合的测量及理论思考》一书中关于《已有社会融合测量维度的总结》表，根据笔者对资料的查阅和笔者的理解做了修改和调整，增加了测量指标一项内容。

从以上对外来人口城市融入测量的回顾和梳理可以看出，研究者在研究外来人口（或农民工和流动人口）的城市融入时，从其参照的对象来看，存在着三种潜在处理方式：第一是将外来人口与其流出地的农民进行比较，如田凯在测量外来人口心理融入时，将其与流出地村庄的同伴进行对比；第二是将流入地的城市居民作为外来人口融入程度的参照，如比较他们的收入、社会保障获得情况、住房状况、与本地居民的社会关系或社会交往等；第三是单纯地客观描述外来人口在城市中各个测量维度的适应或融入状况。从目前的研究成果来看，以第三种倾向为最多，即使许多持第二种处理方式的研究者，在实际的研究过程中往往也并未真正将外来人口和城市居民进行对比，他们在研究外来人口城市融入时，在心里都会存在一个潜在的判断，那就是外来人口在城市融入的各个层面与城市居民存在着差距，外来人口的融入程度远远低于城市居民，或者说城市居民不存在融入问题。但是，从能够查阅到的外来人口融入有关文献来看，真正地将外来人口和城市居民放在同一标准下进行比较的研究非常少，大多数研究者都是就外来人口本身来进行研究。

鉴于以上原因，本书在对外来人口的城市融入进行研究时，拟从如下视角出发：第一，外来人口城市融入的测量维度。在借鉴以往城市融入测量的基础上，本书对外来人口的城市融入将从经济层面、生活层面、社会关系层面、身份认同和社会距离五个方面进行测量，这五个层面是几乎所有城市融入研究者都涉及的，以下将分别从这五个方面对外来人口的城市融入程度进行描述，并分析不同人口学特征的外来人口城市融入水平差异情况。第二，外来人口城市融入的参照体系。虽然有研究者指出外来人口城市融入的参照对象为城市居民，但在实际的操作过程中，很少有人进行这样的对比，为此，本书将从外来人口与城市居民对比的视角出发，研究外来人口的城市融入问题。如果外来人口和城市居民在某个融入层面上具有同等的程度，则不认为外来人口存在融入方面的问题，只能说明这是所有生活在城市中人口的共同特征。第三，在本书中的外来人口城市融入测量上，更关注外来人口在各个层面的主观感受，借鉴已有的关于社会融入的测量维度和测量指标体系，笔者认为，社会融入更多的是一种当事人心理上的感受，客观的测量说明的是外来人口和城市居民的差异，其实质是一种基于研究者角度的主观判断，但研究者对研究对象的定位不能取代当事人本身的认识。举个例子说明，一个大学教师，从客观的经济收入和职业声望来讲，可能在社会中属于中等阶层，但如果当事人本人并不满意自己所处的行业、工作劳动强度、收入、工作中的人际关系等，对自己的职业持一种负面的态度，也不能说他的经济层面的融入程度很高；相反的，一个人的客观职业地位可能并不是很高，但其本人对自己的职业各方面都非常满意，说明他的经济融入程度就是比较高的。

在具体操作层面上，本书将社会融入分为五个层面，分别为经济融入、生活融入、社会关系融入、身份认同和社会距离。

经济融入是外来人口城市融入的最为基础部分，在本书中，一共设计了有关劳动就业方面的10个指标来衡量外来人口的经济融入状况，具体为让外来人口和本地居民分别对自己所处行业、工作环境、工作地点、规章制度、劳动强度、工作时间、工资收入、假期、工作中与本地人/外来人口的关系、工作地点交通便利程度10个方面进行适应或满意度方面的评价，并将其与城市居民的职业满意度进行对比。

生活融入主要从外来人口的居住状况进行测量，让外来人口对自己的居住情况进行满意度的评价，并将其与城市居民的居住状况满意度进行对比。

社会关系融入主要考察外来人口在城市中的社会交往状况，同时将其与城市居民的社会交往情况进行对比，主要关注外来人口与本地居民的交往情况如何，具体指标用“外来人口和城市居民的交往意愿、交往程度及交往内容”来衡量，在问卷中的具体问题为“你是否愿意与本地居民（外来人口）交往?”、“写出你在城市中的三个城市居民（外来人口）朋友的状况。”、“与城市居民（外来人口）的关系类型。”

身份认同是指外来人口在心理上对自己身份的认同，主要用外来人口对自己的身份定位和留城意愿来测量。

社会距离主要用外来人口和城市居民之间互相能够接受的关系类型来表示，在具体测量时用鲍格达斯社会距离量表从外来人口和城市居民两个角度来测量。

二　外来人口的城市融入

（一）外来人口的经济融入

几乎所有的研究者都将外来人口城市融入的起点放在经济融入上，经济层面的适应是外来人口在城市立足的第一步。在本书中，经济层面的融入主要测量外来人口在收入、职业方面的客观状况和对自己在有关经济层面状况的主观评价。

首先对外来人口和城市居民在收入、职业体制性质和职业稳定性方面进行简单比较（见表6—2）。收入是外来人口在城市生活的基础保障，也是外来人口城市融入的物质基础，从收入来看，无论是原始的月平均收入（分别为2533.56元和2934.94元）还是扣除极值后的月平均收入（分别为2338.38元和2867.2元），外来人口均低于城市居民；从单位性质看，外来人口在体制内单位的比例远低于城市居民（分别为22.86%和51.46%）；外来人口的职业稳定性也不如城市居民。

表6—2　外来人口与城市居民收入、单位性质、职业稳定性比较

单位:%、人、元

经济特征	外来人口			城市居民		
	均值（百分比）	标准误	样本数	均值（百分比）	标准误	样本数
收入1	2533.56	150.63	466	2934.94	139.7	293
收入2	2338.38	65.86	457	2867.20	104.95	287
单位性质			490			342
体制内	22.86			51.46		
体制外	77.14			48.54		
职业稳定			489			336
稳定	44.17			47.62		
不稳定	55.83			52.38		

注：收入1根据原始调查数据计算的月收入平均值；收入2为去掉最高的1%和最低的1%后计算的月收入平均值；单位性质体制内为国有企业、集体企业、事业单位、政府部门；职业稳定性中，稳定为没有换过工作。

资料来源：根据笔者实地调查资料统计。

在本书中，一共用了10个指标来测量外来人口的经济融入情况，具体为让被调查者对自己所处行业、工作环境、工作地点、规章制度、劳动强度、工作时间、工资收入、假期、工作中与本地人/外来人口的关系、工作地点交通便利程度进行满意度或适应性方面的评价，选项分为“非常满意”（非常适应）、“满意”（适应）、“一般”、“不满意”（不适应）、“非常不满意”（非常不适应）五个选项。

单纯地从外来人口经济融入各项指标来看，他们的状况还比较乐观，在10个指标层面上，外来人口对自己所处行业评价为“非常满意”和“满意”的比例为54.47%、工作环境评价为“非常满意”和“满意”的比例为47.56%、工作地点评价为“非常满意”和“满意”的比例为50.61%、规章制度评价为“非常满意”和“满意”的比例为40.33%、劳动强度评价为“非常满意”和“满意”的比例为38.61%、工作时间评价为“非常满意”和“满意”的比例为39.02%、工资收入评价为“非常满意”和“满意”的比例为30.69%、假期评价为“非常满意”和“满意”的比例为33.33%、对工作过程中与本地人/外来人口的关系评价为“非常满意”和“满意”的比例为52.44%、工作地点交通便利评价为“非常满意”和“满意”的比例为56.10%（见表6—3）。对比外来人口在经济层面各个指标上的满意度，满意度最低的是工资收入，仅有30.69%的外来人口对自己的工资收入表示“满意”和“非常满意”；其次为假期，33.33%的人表示“满意”和“非常满意”。满意比例较高的为交通便利性和所处行业，满意比例分别为56.10%和54.47%。从满意度均值来看（在处理数据时，将满意度进行赋值分别为：非常满意=5、满意=4、一般=3、不满意=2、非常不满意=1，然后求其平均值），外来人口对假期和工资收入的满意度均值是最低的，分别为3.03和3.10，与对行业、人际关系、工作地点的交通便利度的满意度较高，分别为2.41、3.55和3.55。对比外来人口和城市居民的职业满意度各个指标，发现外来人口仅在“行业满意度”和“工作中与本地居民关系”两个指标上高于城市居民，其他无一例外低于城市居民。

外来人口在从农村流向城市的过程中，受到城市中各种政策的限制和歧视，同时，受限于其自身相对有限的人力资本，他们一般集中于一些职业地位较低的行业，但外来人口一般会将自己从事现有行业的原因归因于自己本身，其行业满意度是参照自身的人力资本所作出的判断。在关于外来人口和本地居民关系的评价上，双方的评价存在差异，外来人口对自己和本地居民关系的评价要高于本地居民对二者关系的评价，说明二者存在着不对称，也说明城市居民对待外来人口的态度要更加不友好一些。将外来人口和城市居民在职业方面的满意度进行对比后发现，外来人口经济方面总的融入状况比较差。

表 6—3 **外来人口和城市居民的经济层面满意度比较**

经济层面	非常满意（非常适应）		满意（适应）		一般		不满意（不适应）		非常不满意（非常不适应）		均值	
	外来人口	城市居民	外来人口	城市居民	外来人口	城市居民	外来人口	城市居民	外来人口	城市居民	外来人口	城市居民
所处行业	11.79	12.17	42.68	49.26	38.21	32.94	6.91	4.45	0.41	1.19	2.41	2.33
工作环境	9.96	10.68	37.60	44.21	42.48	38.58	9.55	5.04	0.41	1.48	3.47	3.58
工作地点	10.16	9.20	40.45	46.29	40.65	38.58	8.33	5.04	0.41	0.89	3.52	3.58
规章制度	8.76	6.25	31.57	43.15	45.21	40.18	12.83	8.63	1.63	1.79	3.33	3.43
劳动强度	6.50	7.46	32.11	37.91	41.26	39.40	16.87	13.13	3.25	2.09	3.22	3.36
工作时间	8.13	7.85	30.89	41.90	38.41	35.17	19.51	12.54	3.05	2.45	3.22	3.40
工资收入	7.72	5.76	22.97	26.97	43.90	44.55	22.15	19.70	3.25	3.03	3.10	3.13
假期	6.91	6.10	26.42	33.23	34.96	38.41	26.42	9.51	5.28	2.74	3.03	3.20
与本地人（外来人）关系	8.94	5.30	43.50	38.63	41.46	52.96	5.49	2.80	0.61	0.31	3.55	3.46
交通便利	9.15	8.16	46.95	48.04	35.37	36.56	6.71	6.65	1.83	0.60	3.55	3.56

资料来源：根据笔者实地调查资料统计。

（二）外来人口的生活融入

在生活融入方面，主要测量外来人口在居住方面的满意度，从已有的外来人口城市融入测量来看，居住状况几乎在所有的研究者那里都是一个非常重要的指标。已有的研究也表明，居住状况尤其是“在城市中是否拥有具有独立产权的住房”对外来人口的城市融入或留城意愿有着非常明显的影响。本书所做的调查也显示，外来人口认为成为西安人最重要的条件是“在城里拥有住房”；其次为“稳定的工作”；最后才是“户口”。另外，在研究中没有选择传统的关于生活适应或生活融入方面的一些指标如“风俗”、“语言”、“生活习惯”等，这些指标在人们测量国际移民时经常使用，鉴于本书主要是关于外来人口的国内迁移，而且从西安市的外来人口构成来看，来源于陕西省内和周边省份的占大多数，在风俗、语言、生活习惯等方面差别并不是很大。另外，做这样的处理还因为城市生活的异质性和人们对差异性容忍度的提高，任何一种风俗习惯、生活习惯的保持或舍弃只是对小范围人群有意义，而对普遍意义的城市生活来讲并不是非常重要，经常在一些研究中被使用的“语言”也没有在本书中被作为一个指标，主要是考虑到现在大城市中普通话的推广使用程度较广，语言不太容易成为人们融入城市的一个障碍，而且这些因素对外来人口的影响只是短时期的，随着在城市停留时间的加长，这些方面的不适应会很快消失。

基于以上考虑，在对生活融入的测量上，本书一共选择了10个跟居住有关的指标，分别是居住环境、安全性、便利性、住房区位、房子面积大小、房子的配套设施、房租（仅限租房者选择）、居住地的交通状况、通勤距离、与同住人的关系，让被调查者对这10个方面进行评价，选项为从“非常满意”（非常适应）、“满意”（适应）、“一般”、“不满意”（不适应）到“非常不满意”（非常不适应）五个选项。外来人口和城市居民的生活方面满意度见表6—4。

从表6—4可以看出，外来人口在生活层面的满意度较低。具体来看，居住环境方面，“满意”和“非常满意”的比例为39.92%（城市居民为47.50%）；安全性方面，“满意”和“非常满意”的比例为40.32%（城市居民为44.72%）；便利性方面，“满意”和“非常满意”的比例为51.41%（城市居民为58.21%）；居住区位方面，“满意”和“非常满意”的比例为44.96%（城市居民为53.22%）；房子大小方面，“满意”和“非常满意”的比例为34.49%（城市居民为42.89%）；房屋配套设施方面，“满意”和“非常满意”的比例为28.83%（城市居民为41.69%）；房租方面，“满意”和“非常满意”的比例为32.20%（城市居民为29.03%）；交通状况方面，“满意”和“非常满意”的比例为62.63%（城市居民为60.45%）；通勤距离方面，“满意”和“非常满意”的比例为52.32%（城市居民为53.18%）；与同住人关系方面，“满意”和“非常满意”的比例为65.61%（城市居民为74.49%）。在10个指标上的满意度均低于城市居民（房租除外），其中满意度最低的是房子大小、配套设施和房租。再从满意度均值（见表6—4）来看，外来人口在10个指标上也均低于城市居民，说明外来人口在生活层面的融入状况并不是非常好。

表 6—4 外来人口和城市居民的生活层面满意度比较

生活层面	非常满意（非常适应）		满意（适应）		一般		不满意（不适应）		非常不满意（非常不适应）		均值	
	外来人口	城市居民	外来人口	城市居民	外来人口	城市居民	外来人口	城市居民	外来人口	城市居民	外来人口	城市居民
居住环境	8.47	8.89	31.45	38.61	37.70	34.72	19.15	15.00	3.23	2.78	3.23	3.36
安全性	6.25	6.94	34.07	37.78	40.93	41.39	15.52	11.94	3.23	1.94	3.25	3.36
便利性	6.65	8.91	44.76	49.30	38.91	32.31	8.67	8.08	1.01	1.39	3.47	3.56
区位	6.45	10.64	38.51	42.58	45.16	35.29	8.87	10.64	1.01	0.84	3.41	3.52
房子大小	4.84	5.29	29.65	37.60	42.54	37.33	20.36	18.38	2.62	1.39	3.14	3.27
配套设施	5.44	6.20	23.39	35.49	39.31	40.28	26.01	16.06	5.85	1.97	2.97	3.28
房租	4.60	4.84	27.60	24.19	39.23	45.97	22.52	20.97	6.05	4.03	3.02	3.05
交通状况	7.86	8.36	54.77	52.09	38.10	32.31	7.46	6.69	0.81	0.56	3.52	3.61
通勤距离	7.88	10.98	44.44	42.20	35.35	36.71	9.90	8.38	2.42	1.73	3.45	3.52
与同住人关系	18.99	22.32	46.62	52.17	31.22	21.74	2.53	2.90	0.63	0.87	3.81	3.92

资料来源：根据笔者实地调查资料统计。

（三）外来人口的社会关系融入

经济层面和生活层面是外来人口在城市生活的物质基础，属于第一层次的融入，社会关系层面的融入是经济层面和生活层面融入的进一步递进，主要涉及外来人口和城市居民的关系与交往状况。本书一共用三个指标来进行测量，分别为：①交往对象。在问卷中对应的问题为“E8 请列出您在这里关系最好的三个朋友的情况”，包括他的身份（本地市民还是外来人口）、他的职业、他的单位性质、他的社会地位。这个指标主要用来测量外来人口的社会关系是面向内部还是外部，如果他的朋友中有城市居民，则认为外来人口在城市中的社会关系是一种外向的关系网络。②与城市居民的交往意愿。在问卷中对应问题为“E1 您愿意与本地人交往吗”，这个指标测量外来人口在主观上与城市居民的交往意愿。在城市中，出于工作和生活的需要，外来人口与城市居民在很多方面都存在着交叉与交往，但这种客观的交往并不能够说明二者的关系状况，还需要对其与城市居民的主观交往意愿进行了解。③与城市居民的关系内容。在问卷中对应问题为“请问您和本地居民的关系有哪些类型”。除了对外来人口的这三个方面进行测量外，对城市居民同样设计了这三个问题，分别为市民问卷中的E2、E3 和 E8，从城市居民角度测量外来人口和城市居民的社会关系和社会交往，并分析二者的对称性如何。

首先来看外来人口和城市居民的社会交往，从表 6—5 可以看出，外来人口和城市居民在社会关系上存在一定的差异。在外来人口的交往对象中，有 56.97% 的人说自己有市民朋友，但从城市居民的角度，仅有 49.58% 的人说自己有外来人口朋友，这说明外来人口社会交往的外向程度比城市居民要高，在亲密关系交往上，城市居民更多的是一种身份内部的交往；从交往对象的社会地位来看，外来人口的交往对象地位与城市居民相比显得偏低，外来人口朋友中，地位处于中下层和下层的占应答次数的 44.04%，在城市居民的朋友中，这一比例为 37.46%。俗话说“物以类聚，人以群分”，人们在交往时一般会选择与自己地位相当的人进行交往，这是客观条件和主观选择的共同结果。外来人口交往对象的状况一方面说明他们的社会关系构成；另一方面也体现了其自身的社会地位和社会融入情况。

表 6—5　　外来人口和城市居民的社会交往状况

单位：人、%

外来人口			城市居民		
交往对象构成	占比	样本数	交往对象构成	占比	样本数
有市民	56.97	409	有外来人口	49.58	357
无市民 交往对象社会地位	43.03		无外来人口 交往对象社会地位	50.42	

续表

外来人口			城市居民		
交往对象构成	占比	样本数	交往对象构成	占比	样本数
上层	2.79	所有选项应答次数合计 1074	上层	6.20	所有选项应答次数合计 355
中上层	12.76		中上层	14.65	
中层	40.41		中层	41.69	
中下层	28.03		中下层	30.14	
下层	16.01		下层	7.32	
与本地人交往意愿			与外来人口交往意愿		
很愿意	27.44	所有选项应答次数合计 492	很愿意	15.36	所有选项应答次数合计 358
比较愿意	38.82		比较愿意	37.71	
一般	26.63		一般	39.94	
不愿意	6.10		不愿意	6.42	
很不愿意	1.02		很不愿意	0.56	
与本地人关系内容			与外来人口关系内容		
工作关系	52.80	所有选项应答次数合计 1159	工作关系	65.08	所有选项应答次数合计 653
地缘关系	20.54		地缘关系	14.09	
亲缘关系	8.80		亲缘关系	6.13	
友缘关系	17.86		友缘关系	14.70	

注：在“关系内容”的处理上，将上司、下属、同事、工作中的合作伙伴、雇用和被雇用、顾客和提供服务者归为工作关系；将房东和房客、邻居归为地缘关系；将亲戚、家人归为亲缘关系；将朋友归为友缘关系。

资料来源：根据笔者实地调查资料统计。

其次从交往意愿来看（见表6—5），外来人口对和城市居民的交往持积极态度的占66.26%（很愿意和比较愿意之和），而城市居民对和外来人口交往持积极态度的比例仅为53.07%，这说明从交往意愿来讲城市居民和外来人口之间也存在着一定程度的不对称，外来人口在社会关系融入上持较为积极的态度，而城市居民在对外来人口社会关系融入的接纳意愿则不是特别积极，仅有刚超过一半的人比较愿意与外来人口交往。

最后再看外来人口和城市居民的关系内容，无论是从外来人口还是城市居民的角度来看，二者之间的关系内容均主要以业缘关系为主，尤其从城市居民的角度来看更是如此；其次为因为居住而形成的地缘关系；再次是友缘关系；最后为亲缘关系。外来人口和城市居民的这种关系类型说明虽然二者的交往比较多，但多集中在比较潜表的层次，主要以工作上的交往为主，比较深入的关系——友缘、亲缘——比例较低。

（四）外来人口的身份认同

身份认同也是几乎所有研究者在测量社会融入时的一个重要指标，田凯、朱力、张文宏、杨菊华等在自己的研究中无一例外地都涉及了身份认同。身份认同是心理层次融入的表现，它比社会关系融入又更进了一步。在本书中，使用两个指标（“你认为自己是哪里人”和“将来愿意定居哪里”）对外来人口的身份认同进行测量，并将其与城市第一代移民进行对比（见表6—6）。

表6—6　　外来人口与城市第一代移民身份认同对比

单位：人、%

<table>
<tr><th colspan="3">外来人口</th><th colspan="3">城市第一代移民</th></tr>
<tr><th>觉得自己是哪里人</th><th>占比</th><th>样本数</th><th>觉得自己是哪里人</th><th>占比</th><th>样本数</th></tr>
<tr><td>老家人</td><td>38.26</td><td rowspan="6">494</td><td rowspan="2">不是西安人</td><td rowspan="2">24.03</td><td rowspan="6">129</td></tr>
<tr><td>西安人</td><td>17.81</td></tr>
<tr><td>半个西安人</td><td>28.14</td><td rowspan="2">西安人</td><td rowspan="2">54.26</td></tr>
<tr><td>哪里人都不是</td><td>4.05</td></tr>
<tr><td>说不清楚</td><td>10.93</td><td rowspan="2">不好说</td><td rowspan="2">21.71</td></tr>
<tr><td>其他</td><td>0.81</td></tr>
</table>

注：这里所说的“城市第一代移民”指的是在自己这一代户口由外地迁入西安的人，包括省内迁入和省外迁入。这个群体的城市融入状况介于西安老居民（出生时户口就在西安）和外来人口之间，他们在身份上属于这个城市，但在心理上却不一定。

资料来源：根据笔者实地调查资料统计。

外来人口明确认同自己是西安人的比例仅为17.81%，而城市第一代移民这一比例为54.26%，这说明在流动状态下，绝大多数外来人口身份认同是模糊的，与城市第一代移民相比较，他们的归属感更加不确定。城市第一代移民在城市中拥有基于户籍所赋予的一切权益和利益，在这一点上，他们同城市老居民是一样的。但从社会关系和归属感上，他们在某种程度上与外来人口存在相似之处。

从外来人口的留居意愿看（样本数为491人），倾向于定居老家农村的为16.29%、定居老家县城的为28.11%、定居于目前城市（西安市）的比例为45.62%、定居于其他城市的为9.98%。如果将前两项看作具有返乡意愿、后两项看作具有留城意愿的话，那么，倾向于返乡的外来人口比例为44.40%，倾向于留城的为55.60%。外来人口的留城或返乡意愿是基于客观留城障碍和主观留城动机权衡后的决定，如果能够消除外来人口在城市生活的多种障碍，相信具有留城意愿外来人口的比例会有一个较大的提高。

外来人口的归属感和留城意愿的现状表明，外来人口的身份认同是模糊不确定的，大多数人都是以一种过客的心理看待他们所工作和生活的城市，并没有从心理上将自己视为这个城市的一分子。

（五）外来人口与城市居民的社会距离

社会距离这一概念最早是由帕克和伯吉斯在1921年提出的。1925年，博格达斯将这一概念操作化，设计了一套社会距离量表，直到今天，在社会距离实证研究中，绝大多数的研究者依然采用的是由博格达斯首创的这种量表形式，只不过根据具体的研究内容或文化背景加以改造。后来李（Lee，1996）等人设计了一套反转的社会距离量表，对社会距离测量是一个改进。这两种量表的区别在于博格达斯社会距离量表是从优势群体的角度出发测量其对弱势群体的接纳程度（如本地人对移民、城市居民对外来人口），而李（Lee）等人的反转社会量表则是从弱势族群的角度出发，测量他们所认为的优势族群对他们的接纳程度。在本书中，对外来人口和城市居民社会距离的测量分别从外来人口和城市居民的角度出发，测量他们对于对方的接纳程度。

量表（见表6—7）中所有问题的回答选项均为五个，分别是非常愿意、愿意、一般、不愿意、非常不愿意，依次赋值为5、4、3、2、1，这样一来，每个被访者对这一问题回答的取值在6—30之间，他们的社会距离值为用30减去回答者在这六个问题选项上的得分之和。如果某个被调查者在这六个问题上全部选择“非常愿意”，则可以计算其社会距离为0，即外来人口和城市居民之间不存在社会距离或他们在态度上对对方持一种接纳的态度；如果某个被调查者在这六个问题上的选择全部为“非常不愿意”，则可以计算二者的社会距离值为24，表明他们的社会距离非常大，对对方持一种排斥态度。

表6—7　　外来人口与城市居民社会距离量表

外来人口回答		城市居民回答	
1	您愿意和本地人一起工作吗	1	您愿意和外来务工人员一起工作吗
2	您愿意和本地人同住一个社区吗	2	您愿意外来务工人员租住在您所住的社区吗
3	您愿意和本地人做邻居吗	3	您愿意和外来务工人员成为邻居吗
4	您愿意和本地人做朋友吗	4	您愿意和外来务工人员成为朋友吗
5	您愿意到本地人家里去做客吗	5	您愿意邀请外来务工人员到您家做客吗
6	您愿意让自己的子女与本地人谈恋爱或结婚吗	6	您愿意您的子女与外来务工人员谈恋爱或结婚吗

在计算之前首先要对这两套社会距离量表的信度和效度进行检验。经过检验，外来人口问卷中社会距离量表的Cronbach'sα值[①]为0.921，城市居民问卷中社会距离量表的αlpha值为0.904，信度较高。另外，各项目间的相关性也很强。因而这两个量表通过了信度检验。在效度的检验上，主要是内容效度（或逻辑效度）检验，在设计

① 根据（Nunnally，1978）设定的标准，Cronbach'sα > 0.9说明信度非常好，0.7 < Cronbach'sα < 0.9为高信度；0.35 < Cronbach'sα < 0.7代表中等信度；而Cronbach'sα < 0.35则意味着低信度。

的六个项目中具有明显的逻辑关系，即六个项目存在趋强的态势，因而从理论上讲能够接受最后一种关系的，前面五种关系类型也应该都能够接受。

从效度检验表（见表6—8）可以看出，根据量表计算的社会距离结果与原来假设有一定的出入，不论是外来人口立场还是城市居民立场，在做朋友的意愿上二者都表现出了较强的意愿。出现这种情况的原因可能在于：朋友是一个可以选择的对象，能够成为朋友的一般都比较合得来。在数量众多的人口中，外来人口或城市居民总能够从对方群体中找到朋友，一个人不可能仇视某一群体的所有人，相对来讲，住同一个社区或做邻居有时候并不能完全由自己自主选择，鉴于这种情形，可以将原有的量表进行修正，即将原来的顺序调整为“一起工作—做朋友—住同一个社区—做邻居—来家里做客—子女与对方恋爱或结婚”。

表6—8　　　　社会距离量表的效度检验

	外来人口对和本地人关系的接受程度		本地居民对和外来人口关系的接受程度	
	Mean	Std. Deviation	Mean	Std. Deviation
一起工作	3.8049	0.74600	3.6571	0.73562
住同一个社区	3.7166	0.72704	3.5143	0.77094
做邻居	3.7105	0.72319	3.4629	0.74368
做朋友	3.7433	0.72990	3.5829	0.69195
家里做客	3.5359	0.84269	3.3829	0.78433
自己的子女与对方恋爱或结婚	3.5955	0.85504	3.0514	0.90695

分别计算外来人口立场和城市居民立场的两个群体间的社会距离，计算结果显示，外来人口立场两个群体的社会距离为7.89，城市居民立场两个群体的社会距离为14.65。分值越大，说明社会距离越大。这说明外来人口与城市居民的社会距离要小于城市居民与外来人口的社会距离，外来人口在心理上对城市居民的接纳程度更高，他们有着强烈的融入城市的

意愿和要求，而城市居民对于外来人口则不太接纳，他们交往意愿更加“内卷化”，不太愿意与外来人口交往。

三　空间隔离对外来人口的城市融入影响的回归分析

（一）空间隔离与城市融入的关系假设

本书的重点是考察空间隔离是否会导致外来人口城市融入水平的差异以及在多少水平上造成外来人口城市融入的差异，因此，需要建立模型来分析二者之间的关系。在建立模型时主要从职业空间和居住空间两个方面进行考察（这里不对公共空间与外来人口的城市融入建立模型，仅对外来人口的公共空间隔离进行描述），主要核心假设为：

假设1：外来人口与城市居民的职业空间隔离程度越高，外来人口的城市融入水平越低。

假设1.1：外来人口的职业空间隔离程度越高，其经济融入水平越低。

假设1.2：外来人口的职业空间隔离程度越高，其生活融入水平越低。

假设1.3：外来人口的职业空间隔离程度越高，其社会关系融入水平越低。

假设1.4：外来人口的职业空间隔离程度越高，其对城市的认同程度越低。

假设1.5：外来人口的职业空间隔离程度越高，其与城市居民的社会距离越大。

假设2：外来人口与城市居民的居住空间隔离程度越高，外来人口的城市融入水平越低。

假设2.1：外来人口的居住空间隔离程度越高，其经济融入水平越低。

假设2.2：外来人口的居住空间隔离程度越高，其生活融入水平越低。

假设2.3：外来人口的居住空间隔离程度越高，其社会关系融入水平越低。

假设2.4：外来人口的居住空间隔离程度越高，其对城市的认同程度越低。

假设2.5：外来人口的居住空间隔离程度越高，其与城市居民的社会距离越大。

研究的理论框架如图6—1所示。

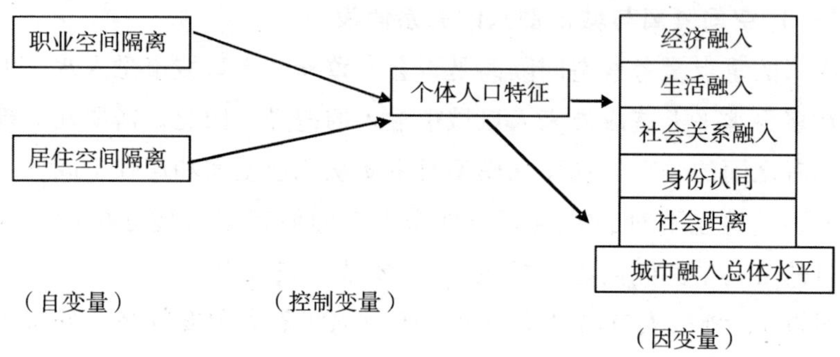

图6—1 实证研究理论框架

（二）自变量

本书的自变量为空间隔离，在具体的模型中，从三个层面来衡量空间隔离：职业空间、居住空间和公共空间。在具体的建立模型过程中，为了简化职业空间隔离和居住空间隔离指标，对一些非关键性指标进行舍弃，仅用表示职业空间隔离和居住空间隔离的关键指标来作为空间隔离的代表。具体来说，在职业空间上的隔离程度用外来人口所在工作单位中本地居民的数量来衡量，人数越少表明两个群体在职业空间上的隔离程度越高；居住空间上隔离程度用外来人口居住所在地本地居民的数量来衡量，人数越少表明两个群体在居住空间上的隔离程度越高。至于公共空间这一变量，鉴于公共空间种类繁多，不像职业空间和居住空间具有唯一性，而且从外来人口和城市居民在公共空间使用过程中的人际交往来看，基本上不会产生在公共空间使用过程中的人际交往，其交往还是局限于已有的熟人，因此，将公共空间这一变量舍弃，不对公共空间和外来人口城市融入之间的关系进行分析。根据以上分析，自变量描述如表6—9所示。

表 6—9　　外来人口与城市居民空间隔离状况描述

单位：人、%

自变量	变量说明	样本数	占比	自变量	变量说明	样本数	占比
职业空间隔离	几乎全是	47	9.7	居住空间隔离	几乎全是	85	17.3
	多于一半	135	27.8		多于一半	153	31.1
	大概一半	127	26.1		大概一半	117	23.7
	少于一半	115	23.7		少于一半	97	19.7
	几乎没有	62	12.8		几乎没有	40	8.1
	合计	486	100		合计	492	100

（三）因变量

1. 不同层面城市融入水平

在本书中因变量为经济融入、生活融入、社会关系融入、身份认同、社会距离五个类别，下面分别对这五个方面的融入水平进行计算。

第一，经济融入。将有关职业满意度的 10 个方面得分相加后所得的分值即为经济融入水平值。

第二，生活融入。将有关居住状况满意度的 10 个方面评价得分相加后所得分值视为生活融入水平。

第三，社会关系融入。将社会关系融入的指标都分为三个等级，1 最低；2 居中；3 最高。①交往对象。将交往对象中“三个全为外来人口”的赋值为 1、既有外来人口又有本地居民的赋值为 2（包括“两个外来人口一个本地居民”和“一个外来人口两个本地居民”这两种情形）、“三个全为本地居民”的赋值为 3。②交往对象的社会地位。将三个交往对象中所有都是上层或中上层的赋值为 3、所有都是中下层和下层的赋值为 1，其余的赋值为 2。③交往意愿。将与本地居民的交往意愿中很愿意和愿意的赋值为 3、一般的赋值为 2、不愿意和很不愿意的赋值为 1。④与本地居民的关系类型。由于外来人口与本地居民的关系均为多重关系，在选项上为多选题，需要重新整理计算分值，该题的选项及赋值情况为：他是我的上司 =1；他是我的下属 =1；他是我的平级同事 =1；他是我的顾客 =1；他是我的房东 =2；他是我的雇主 =1；他是我工作中的合作伙伴 =1；他是我去办事的有关部门的职员或领导 =1；他是我的亲戚 =1；他是我的朋友 =2；他是我的配偶 =3；他是我的家人 =3；他是我的陌生邻居（无交往） =1；他是我的熟悉邻居（有交往） =2。从关系距离来说，笔者认为同事关系为最远关系，因此将其赋值为1；有交往的地缘关系和朋友关系较近，将其赋值为2；亲缘关系最近，将其赋值为3。将外来人口在这四个方面的得分相加后表示外来人口的社会关系融入水平。

第四，身份认同。将身份认同的两个指标都分为三个等级，1最低；2居中；3最高。①觉得自己是哪里人。将选项为“西安人”的赋值为3，“半个西安人”、“哪里人都不是”、“说不清楚”、“其他”都赋值为2，“老家人”赋值为1。②将来打算定居哪里。定居在城市（包括打工城市和其他城市）的赋值为3，定居在老家县城的赋值为2，定居在老家农村的赋值为1。将外来人口在这两个题目上的得分相加后表示外来人口的身份认同状况。

第五，社会距离。30减去外来人口在社会距离量表中六个项目上得分之和表示外来人口与城市居民的社会距离。社会距离值越大，表明二者的距离越远，融入程度越低。

2. 外来人口城市融入总水平

除了考察外来人口空间隔离分别与以上五个层面的融入水平关系之外，本书还将考察空间隔离与外来人口的总体融入水平之间的关系，为此需要计算外来人口的总体城市融入水平。

从测量指标来看，城市融入的五个方面共涉及27个指标，太过繁杂，而且很多指标在所反映的信息上存在重叠或同质的情形，因此在计算总体融入水平时，首先需要进行主成分分析对变量降维。首先对27个指标（所处行业、工作环境、工作地点、规章制度、劳动强度、工作时间、工资收入、假期、工作中与本地人关系、工作地交通便利程度、居住环境、安全性、便利性、住房区位、房子面积大小、房租、房子的配套设施、居住地的交通状况、通勤距离、与同住人的关系、交往对象身份构成、交往对象的社会地位、与本地居民的交往意愿、与本地居民交往的关系内容、觉得自己是哪里人、打算定居哪里、社会距离）进行标准化处理，然后进行相关矩阵分析，发现“交往对象身份构成、与交往对象的关系内容”

与其他所有指标的相关系数较低，均低于0.3[①]，且大部分未通过显著性检验，因而将其剔除。另外“房租”这一指标，由于缺失值太多，也将其舍弃。

接下来进行主成分分析，在主成分分析前，先对数据进行KMO检测和Bartlett球形检验，通过计算得知KMO值为0.9044[②]，Bartlett球形检验结果显著，表明适合做因子分析。运用主成分法对其余的24个城市融入指标进行分析，通过方差最大化方法进行正交旋转（见图6—2），取特征值大于1的主成分，共提取了5个公因子（见表6—11）。其中工作环境、工作地点、规章制度、劳动强度、工作时间、工资收入、假期七项指标，对因子1的载荷分别为0.7146、0.7055、0.7192、0.7563、0.7408、0.7130、0.6941；因子2涉及居住环境、安全性、房子大小、房子配套设施四项指标，其对因子2载荷分别为0.7521、0.7842、0.7179、0.7350；因子3对应的两项指标为交通便利性和通勤距离，这两项对因子3的载荷值分别为0.7208、0.6533；因子4对应的指标是“与本地人交往意愿”和“社会距离”两项，对因子4的载荷值分别为0.6093和0.7001；因子5对应的指标是“定居意愿”和“觉得自己是哪里人”，两个指标对这一因子的贡献分别为0.7520和0.7743。新的5个公因子的累积方差贡献率为60.77%，也就是说，提取的主成分可以解释原有变量的60.76%（对于社会科学研究来讲，一般认为60%以上的贡献率都是可以接受的），其中因子1的方差贡献率最大，它解释了外来人口城市融入水平的21.54%；因子2解释了16.55%；因子3解释了10.08%；因子4和因子5的解释力比较小，分别为6.35%和6.24%。提取新的公因子后，用各因子的方差贡献率作为权重，计算外来人口城市融入的综合得分，用这个得分表示外来人口城市融入总水平。

---

① 一般认为，相关系数在0.8以上的为强相关关系；0.3—0.8为中等相关关系；0.2—0.3以下为弱相关关系；0—0.2为极弱相关或无相关关系。

② 凯撒（Kaiser）认为，KMO值在0.9以上表示非常适合；0.8表示适合；0.7表示一般；0.6表示不太适合；0.5以下表示极不适合。

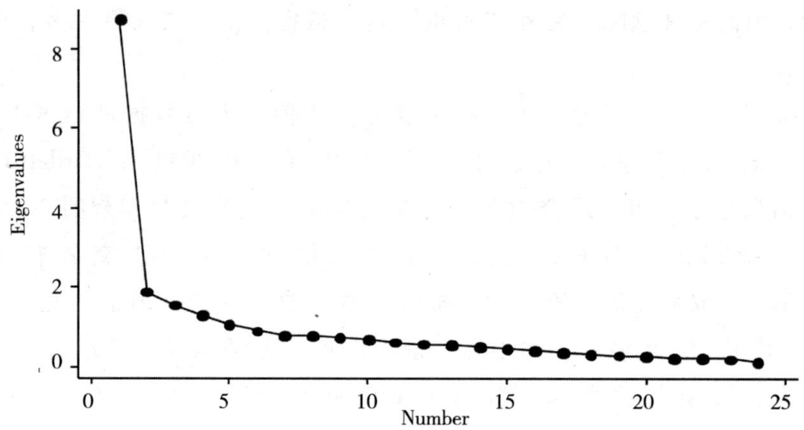

图 6—2　碎石图

表 6—10　　　　　　外来人口城市融入因子分析

指标	因子 1	因子 2	因子 3	因子 4	因子 5
工作环境 a1	0. 7146				
工作地点 a2	0. 7055				
规章制度 a3	0. 7192				
劳动强度 a4	0. 7563				
工作时间 a5	0. 7408				
工资收入 a6	0. 7130				
假期 a7	0. 6941				
居住环境 b1		0. 7521			
安全性 b2		0. 7842			
房子大小 b3		0. 7179			
房子配套设施 b4		0. 7350			
交通便利性 c1			0. 7208		
通勤距离 c2			0. 6533		
与本地人交往意愿 d1				0. 6093	
社会距离 d2				0. 7001	

续表

指标	因子 1	因子 2	因子 3	因子 4	因子 5
定居意愿 e1					0.7520
觉得自己是哪里人 e2					0.7743
特征值	5.1703	3.9727	2.4200	1.5252	1.4972
方差贡献率	0.2154	0.1655	0.1008	0.0635	0.0624
累积方差贡献率	0.2154	0.3809	0.4817	0.5452	0.6076

F1 = －0.6565 * a1 + 0.7146 * a2 + 0.7055 * a3 + 0.7192 * a4 + 0.7563 * a5 + 0.7408 * a6 + 0.713 * a7 + 0.6941 * a8 + 0.5475 * a9 + 0.4613 * a10 + 0.3240 * a11 + 0.1929 * a12 + 0.1412 * a13 + 0.2509 * a14 + 0.2997 * a15 + 0.2925 * a16 + 0.1405 * a17 + 0.1853 * a18 + 0.0391 * a19 + 0.1254 * a20 + 0.1179 * a21 + 0.0342 * a22 + 0.1559 * a23 + 0.2812 * a24

F2 = －0.2388 * a1 + 0.2350 * a2 + 0.1727 * a3 + 0.2709 * a4 + 0.3036 * a5 + 0.1919 * a6 + 0.2486 * a7 + 0.2236 * a8 + 0.0566 * a9 + 0.0744 * a10 + 0.0744 * a11 + 0.7842 * a12 + 0.6361 * a13 + .5976 * a14 + 0.7179 * a15 + 0.7350 * a16 + 0.3619 * a17 + 0.3046 * a18 + 0.1932 * a19 + 0.0937 * a20 + 0.0940 * a21 + 0.1250 * a22 + 0.4608 * a23 + 0.0574 * a24

F3、F4、F5 的计算方法与 F1、F2 相同，这里就不再列出。

外来人口城市融入的计算公式为：外来人口城市融入总水平 = F1 * 0.2154/0.6077 + F2 * 0.1655/0.6077 + F3 * 0.1008/0.6077 + F4 * 0.0635/0.6077 + F5 * 0.0624/0.6077（见表 6—10），F 值的计算见上文。

（四）控制变量

本书主要探讨空间隔离和外来人口城市融入之间的关系，为此还需要对其他一些有可能对城市融入产生影响的因素进行控制。从已有研究来看，许多因素对外来人口的城市融入或社会适应都有影响，其中个人特征因素包括：①年龄。相当多的研究都关注外来人口城市融入的代际差异，以 20 世纪 80 年代为界，将外来人口的主体——农民工划分为第一代农民工和新生代农民工，认为两代农民工在城市融入或城市适应方面存在差别，但对差别的看法却存在着差异。有的研究者认为，新生代农民工的城市融入水平要更高一些；而有的研究者却持相反看法，认为新生代农民工的社会融入状况比之于老一代农民工并没有表现出显著改善（李培林、田丰，2012），甚至不如老一代农民工（景晓芬、马凤鸣，2012）。②性别。一般研究认为，女性比男性的城市融入水平要高一些。③教育程度。教育程度作为人力资本的重要标志，对农民工的城市社会适应有着正向的作用。④婚姻。婚姻状况对社会适应也会有一定影响，但这种影响要结合家庭结构及家庭迁移情况来进行分析，影响的方向不确定。如果已婚且流动为家庭式流动，则可能会让外来人口在心理上得到一种归属和认同感，但鉴于家庭生活的内容相比于个人而言要更多一些，因此在城市中遇到的不便或障碍也更多，可能会让他们觉得受到一种排斥，反而会降低他们的城市融入水平。如果已婚但流动仍然是一种个体流动，则可能会降低主体在城市的融入水平。⑤外出时间长短。在城市生活时间的长短可以反映出外来人口对城市生活的熟悉和认同程度、与当地人的交往情况等，在城市生活时间越长，所获得的经济资本与社会资本相对会越多，城市融入水平可能会越高。⑥是否有职业资格证书。职业资格证书作为对职业技能的一种认证或衡量，对外来人口城市融入的影响主要体现在经济适应方面，拥有职业资格证书的人比没有职业资格证书的人在求职或实际工作中应该更有优势。具体变量描述见表 6—11。

表 6—11 控制变量描述分析

单位：%

控制变量	占比	控制变量	占比
年龄（N = 499）		性别（N = 499）	
老一代	40.88	男	45.69
新一代	59.12	女	54.31
教育程度（N = 498）		婚姻状况（N = 497）	
小学及以下	11.04	未婚	42.86
初中	28.31	已婚	55.94
高中（中专、技校）	26.10	丧偶	0.80
大专以上	34.54	离异	0.40

续表

控制变量	占比	控制变量	占比
外出时间（N = 493）		是否有职业资格证书（N = 498）	
	平均 7.39 年	有	39.56
		没有	60.44

（五）回归模型

以下将分别从分层次和总水平两个方面建立模型来分析外来人口的城市融入状况的影响因素。

1. 外来人口不同层面城市融入影响因素的回归分析

为了进一步探讨空间隔离与外来人口城市融入水平之间的关系，以下将建立五个模型分别从经济层面、生活层面、社会层面、身份认同和社会距离层面来探讨影响外来人口城市融入水平的因素。在建立模型时，将年龄、性别、婚姻、是否拥有职业资格证书、外出时间作为控制变量，将职业空间隔离和居住空间隔离作为自变量建立回归模型。

回归模型为 $Y = a + b_1 \times 1 + b_2 \times 2 + \cdots b_k \times k + e$，在做回归分析前，首先检验数据是否符合多元线性回归假定。将自变量与因变量进行线性诊断后发现二者间存在线性关系，所有模型的标准化残差呈正态分布，服从均值为 0、等方差的线性回归模型假定。

具体回归分析结果见表 6—12。

表 6—12　外来人口分层次融入水平回归模型

	模型 1	模型 2	模型 3	模型 4	模型 5
	经济融入	生活融入	社会关系融入	身份认同	社会距离
年龄（新生代 = 1）	0.484	−0.300	0.421	0.260	−0.185*
	(0.69)	(−0.41)	(1.81)	(1.76)	(−2.35)
性别（男 = 1）	−0.0790	−0.211	−0.138	−0.195	0.0465
	(−0.16)	(−0.41)	(−0.83)	(−1.87)	(0.85)
教育程度（高中以上 = 1）	0.791	0.359	0.961***	0.414***	−0.188**
	(1.38)	(0.60)	(4.90)	(3.42)	(−2.95)

续表

	模型 1	模型 2	模型 3	模型 4	模型 5
	经济融入	生活融入	社会关系融入	身份认同	社会距离
婚姻（已婚丧偶离异 =1）	0.675	-0.0238	0.391	0.00661	-0.0517
	(1.03)	(-0.03)	(1.75)	(0.05)	(-0.71)
职业资格证书（有 =1）	1.221*	1.000	0.421*	0.332**	-0.103
	(2.26)	(1.75)	(2.33)	(2.92)	(-1.70)
外出时间（年）	-0.0171	0.0248	0.0257	0.0205*	-0.00368
	(-0.41)	(0.57)	(1.80)	(2.32)	(-0.79)
关键自变量					
居住空间隔离	-0.577**	-0.945***	-0.284***	-0.173***	0.0484*
	(-2.66)	(-4.15)	(-3.86)	(-3.78)	(2.01)
职业空间隔离	-0.429*	-0.456*	-0.145*	-0.119**	0.0346
	(-1.99)	(-2.02)	(-1.99)	(-2.61)	(1.44)
常数项	33.34***	34.18***	7.271***	4.169***	1.689***
	(19.61)	(19.05)	(12.92)	(11.70)	(8.94)
N	476	455	399	471	477
R^2	0.0708	0.0824	0.2029	0.1720	0.0968
调整后的 R^2	0.0549	0.0659	0.1865	0.1577	0.0813
F 值	4.45	5.00	12.41	12.00	6.27

注：* $p < 0.05$；** $p < 0.01$；*** $p < 0.001$（双尾检验）。

从模型 1 来看，在控制变量中，对外来人口经济融入有影响的因素仅有是否有职业资格证书一项，有职业资格证书是没有资格证书经济融入水平的 1.221 倍。如果将教育程度视为初始人力资本的话，那么职业资格证书就是一种后续的人力资本。教育对外来人口的经济融入没有显著影响而是否拥有职业资格证书有显著影响说明，对于经济融入来讲，初始人力资本的影响作用正在降低，而与工作直接相关的职业技能充分显示出对经济层面融入的强大提升作用。究其原因可能在于：在全社会教育程度普遍提高的情况下，教育这种初始人力资本对农民工城市适应水平的影响力正在减小，初中与高中的差别不像以前那样明显，而职业资格证书一方面是工作能力的代表；另一方面在很多时候也起到一种划分劳动者等级的作用，拥有证书和没有证书在职业地位起点和收入水平上都存在很大的差异。两个关键自变量职业空间隔离状况和居住空间隔离对经济融入均有影响，且影响方向均为负，这说明随着居住空间隔离程度和职业空间隔离程度的增加，外来人口经济融入水平呈下降趋势。具体来说，居住空间隔离每增加一个等级，外来人口城市融入水平会下降 57.7%；职业空间隔离每增加一个等级，外来人口经济融入水平下降 42.9%。

从模型 2 来看，在控制变量中，所有因素对外来人口生活融入水平均无显著影响。两个关键自变量居住空间隔离和职业空间隔离对外来人口生活融入均有显著影响。居住空间隔离程度每增加一个等级，生活融入水平下降 94.5%；职业隔离水平每增加一个等级，生活融入水平下降 45.6%。

在模型 3 中，控制变量中的“教育程度”和“是否有职业资格证书”对外来人口的社会关系融入水平有显著影响，高中以上教育程度比高中以下社会关系融入水平高 96.1%；拥有职业资格证书的社会关系融入水平比没有职业资格证书的社会关系融入水平高 42.1%。教育程度和是否拥有职业资格证书是属于人力资本的两种表现形式，说明在个人特征中，对社会关系融入水平有提高作用的因素主要来自于人力资本，其中，教育水平的贡献主要体现在职业社会地位的提高上，一般来讲，拥有较高教育水平的人其职业的社会声望和经济地位也比较高。而职业技能的贡献则主要体现在对个体经济地位的贡献上，通常拥有技能的人会获得高于普通劳动者的经济回报。所以，教育水平和职业技能对个体社会地位的提升有着重要作用，而个体社会地位决定了外来人口在城市中社会交往对象的身份和社会地位，使他们更容易与城市居民以及社会地位较高的人交往。居住空间隔离和职业空间隔离对外来人口的社会关系融入均有负向显著影响，居住空间隔离每增加一个等级，其社会关系融入水平下降 28.4%；职业空间隔离每增加一个等级，外来人口的社会关系融入水平下降 14.4%。

从模型 4 来看，在控制变量中，对外来人口身份认同有影响的因素为教育程度、职业资格证书和外出时间长短，其中高中以上教育程度比高中以下身份认同融入高 41.4%；拥有职业资格证书的身份认同程度比没有职业资格证书高 33.2%；外出时间增加一年，外来人口的身份认同程度增加 2.05%。居住空间隔离和职业空间隔离对外来人口的社会融入均有负向显著影响，居住空间隔离每增加一个等级，其身份认同水平下降17.3%；职业空间隔离每增加一个等级，外来人口身份认同水平下降11.9%。

在模型5中，年龄和教育程度对外来人口与城市居民的社会距离程度有显著影响，社会距离主要表现的是外来人口在主观心理上对城市居民的接纳程度，统计分析结果说明新生代和教育程度高的外来人口与城市居民的社会距离更大，新生代外来人口比老一代与城市居民的社会距离更远。新生代外来人口虽然从表面上如衣着打扮、生活习惯、休闲方式等方面更接近城市居民，但这并不能说明他们天然地与城市或城市居民更为接近；相反地，他们在心理上对城市居民的排斥更为强烈。教育程度较高的外来人口对社会不公平或来自他人的歧视更容易产生不满，在对造成自身境遇原因的归因上，更容易从社会因素、制度因素或城市居民对他们的排斥方面来寻找原因，不公平感更强。在空间隔离指标中，居住空间隔离对外来人口和城市居民的社会距离有显著影响，居住空间隔离每增加一个等级，社会距离加大4.84个百分点，居住空间上的隔离减少了外来人口与城市居民交往的可能性，尤其是降低了他们建立较为亲密关系的可能性；从另外一个方面来讲，居住空间上的接近可以改善外来人口与城市居民的关系，消减两个群体之间的社会距离。职业空间隔离对外来人口和城市居民的社会距离无显著影响，与居住空间的人际关系相比，职业场所中人与人的关系带有一种强制性、表面性和理性化特征，这种以事务交往为主要内容的理性交往对改变外来人口对城市居民的态度没有太多帮助，职业空间隔离对社会距离影响的假设未得到证实。

对比以上模型中空间隔离对外来人口在城市融入的五个层面上的影响程度，发现居住空间隔离对生活融入的影响最大，其次为经济融入、社会关系融入、身份认同和社会距离；职业空间隔离对五个层面城市融入的影响程度依次分别为生活融入、经济融入、社会关系融入和身份认同，对社会距离无影响。对比空间隔离对五个层面城市融入的影响，发现无论是职业空间隔离还是居住空间隔离，对外来人口城市融入影响最大的都是生活层面和经济层面，这在一定程度上说明外来人口的职业空间和居住空间存在重合的情形，即职住一体或二者高度相关。在前面分析中笔者也曾经指出，由于大多数外来人口在城市并无自己拥有产权的住所，许多人都是租住他人私房或住在单位提供的宿舍及工棚，他们通常是由职业区位决定居住区位，有部分人甚至换一次工作就换一次住所，他们的居住空间与职业空间高度相关。相对于经济融入和生活融入，空间隔离对外来人口的社会融入、身份认同及社会距离虽然也有影响，但影响较小，这可能是因为这三个层面与空间的关系并不是很紧密。社会关系融入主要涉及外来人口和城市居民的相互关系和社会互动，在城市社会学中，关于社区人际关系有三种论断：一是社区消失论，代表人物为沃思；二是社区继存论，代表人物是刘易斯和甘斯；三是社区解放论，代表人物是韦尔曼，韦尔曼等人提出应该超越社区的地域范围来研究社区中的人际关系，他认为在现代城市中，人与人的交往早已突破了地域尤其是社区地域的限制，社会交往在更大的范围实现，与具体的地域空间关系不再紧密。外来人口在城市中的交往也同样如此，他们的交往可能并不局限于职业空间或居住空间，而是存在于更广的范围，这就导致空间隔离对外来人口的社会关系融入影响程度并不是很高，但这并不是说绝对没有影响，虽然社会交往不再局限于职业或居住空间地域，但这两种空间仍然是他们人际交往的一个重要组成部分。身份认同和社会距离主要涉及外来人口的心理层面，心理层面主要与外来人口对整个城市的感受有关，与具体空间的关联也不是很大。

2. 外来人口城市融入总水平影响因素的回归模型

再来看外来人口城市融入总体水平的影响因素回归模型，表 6—13 和表 6—14 分别对城市融入总水平建立基准模型（只包含控制变量的模型）、主效应模型（加入关键自变量的模型）和交互模型（加入交互项）。交互模型的作用在于考察不同类型外来人口的空间隔离水平与城市融入水平之间的关系。表 6—13 是关于外来人口居住空间隔离与城市融入水平的模型以及加入居住空间隔离与个体人口学特征变量的交互模型。从表 6—13可以看出，在基准模型中，“教育程度”和“是否有职业资格证书”两个因素通过了显著性检验，这说明人力资本对外来人口城市融入有着非常重要的作用。在主效应模型中，加入关键自变量居住空间隔离后，R^2 和调整后的 R^2 值分别从 0.0736 和 0.0586 提高到了 0.1325 和 0.1161，解释力有显著提升。在主效应模型中，影响外来人口城市融入总水平的因素除了教育程度和是否有职业资格证书外，居住空间隔离因素对城市融入水平也有显著影响，其影响方向为负向，说明居住空间隔离程度越高，外来人口城市融入总水平越低。在交互模型中，分别加入了性别、教育程度、单位性质、是否有职业资格证书、年龄与居住空间隔离的交互项，进行回归分析发现，在这5个交互项中，只有性别与居住空间交互项对外来人口城市融入水平有显著影响，其他几个交互项均未通过显著性检验。在模型3加入交互项后，性别因素对外来人口城市融入水平表现出显著影响，男性比女性的城市融入水平要低，性别与居住空间隔离交互项对外来人口城市融入水平有显著作用，说明居住空间隔离程度高的男性比居住隔离程度高的女性城市融入水平要高，这在一定程度上说明了男女两性的社会网络构成的不同。由于传统性别角色的规定，女性的生活圈子更多的是以家庭为中心的，她们担负了更多的照顾家庭的责任，其交往范围多限于家庭、亲属、地缘这一类首属群体；而男性的社会交往更多的是超地域尤其是超居住空间的，他们更容易在更大的空间范围上形成自己的交往圈。进一步计算外来人口在哪一个居住隔离层次上男女两性有着相同的城市融入水平，用性别的主效应绝对值除以交互项的绝对值9.032/3.005 = 3.01，说明居住在“大概一半”是本地居民社区中的外来人口不存在城市融入水平的性别差异；那些居住在“几乎全是”本地居民和“多于一半”是本地居民社区中的外来人口女性城市融入水平要高于男性，这可能是因为女性比男性更容易形成基于地域的人际交往关系；而居住在“少于一半”是本地居民和“几乎没有”本地居民的社区中外来人口男性的城市融入水平要高于女性。

表6—13 外来人口居住空间隔离与城市融入模型

	基准模型（1）	主效应模型（2）	交互模型（3）
	城市融入总水平	城市融入总水平	城市融入总水平
年龄	0.146	0.261	-4.108
（新生代 =1）	(0.07)	(0.12)	(-0.94)
性别	-1.709	-1.079	-9.032*
（男性 =1）	(-1.06)	(-0.69)	(-2.37)

续表

	基准模型（1）	主效应模型（2）	交互模型（3）
	城市融入总水平	城市融入总水平	城市融入总水平
教育程度	4.816**	3.948*	9.175*
（高中以上=1）	(2.59)	(2.18)	(2.02)
婚姻状况	0.309	1.254	1.509
（已婚=1）	(0.14)	(0.60)	(0.73)
外出时间（年）	0.0391	-0.0251	-0.0558
	(0.29)	(-0.19)	(-0.41)
职业资格证书	5.574**	4.647**	4.987
（有=1）	(3.18)	(2.72)	(1.19)
居住空间隔离		-3.272***	-6.709**
		(-5.01)	(-2.89)
性别*居住空间			3.005*
			(2.31)
教育*居住空间			-1.968
			(-1.29)
单位性质*居住空间			0.0669
			(0.42)
证书*居住空间			-0.168
			(-0.11)
代际*居住空间			1.701
			(1.23)
_cons	-4.064	5.045	13.11
	(-0.85)	(1.01)	(1.65)
N	378	378	378
R^2	0.0736	0.1325	0.1515
调整后的 R^2	0.0586	0.1161	0.1236
F 值	4.91	8.07	5.43

注：* $p < 0.05$；** $p < 0.01$；*** $p < 0.001$（双尾检验）。

表 6—14　　**外来人口职业空间隔离与城市融入模型**

	基准模型（1）	主效应模型（2）	交互模型（3）
	城市融入总水平	城市融入总水平	城市融入总水平
年龄	0.146	0.141	-0.507
（新生代=1）	(0.07)	(0.07)	(-0.10)
性别	-1.709	-1.376	1.974
（男性=1）	(-1.06)	(-0.88)	(0.46)
教育程度	4.816**	3.265	8.474
（高中以上=1）	(2.59)	(1.80)	(1.57)
婚姻状况	0.309	0.961	0.142
（已婚=1）	(0.14)	(0.46)	(0.07)
外出时间（年）	0.0391	-0.0198	0.0274
	(0.29)	(-0.15)	(0.20)
职业资格证书	5.574**	4.695**	1.511
（有=1）	(3.18)	(2.75)	(0.32)
职业空间隔离		-1.592*	-2.233
		(-2.34)	(-0.92)
性别*职业空间			-1.321
			(-1.01)
教育*职业空间			-1.561
			(-0.97)
单位性质*职业空间			0.184
			(1.18)
证书*职业空间			1.410
			(0.95)
年龄*职业空间			0.143
			(0.10)
_cons	-4.064	9.179	1.901
	(-0.85)	(1.72)	(0.21)

续表

	基准模型（1）	主效应模型（2）	交互模型（3）
	城市融入总水平	城市融入总水平	城市融入总水平
N	378	376	376
R^2	0.0736	0.1398	0.1130
调整后的 R^2	0.0586	0.1210	0.0837
F 值	4.91	7.45	3.86

注：* $p < 0.05$；** $p < 0.01$；*** $p < 0.001$（双尾检验）。

在表 6—14 中，加入关键变量职业空间隔离后，模型的解释力也有所提升，调整后的 R^2 由 0.0586 提高到 0.1210。在主效应模型中，对城市融入水平有影响的因素为是否有职业资格证书和职业空间隔离，职业空间隔离程度越高，外来人口的城市融入水平越低。但加入 5 个交互项后，模型的解释力反而有所下降，职业隔离空间与个体人口学变量的交互作用对外来人口的城市融入水平均未通过显著性检验，说明人口学变量对职业空间隔离和外来人口城市融入水平不存在调节作用。

（六）空间隔离对外来人口城市融入影响回归分析结论

通过以上外来人口城市融入的分析可以得出如下简单结论：

第一，从外来人口城市融入的五个层面来看，外来人口在城市中的融入水平较低，在经济层面和生活层面上，外来人口在各个指标上的满意度均低于城市居民。在社会关系融入层面上，外来人口交往对象比城市居民更具“内卷性”，在交往意愿上外来人口比城市居民倾向于与对方群体交往，二者在交往内容上以浅表性的事务性交往为主，这一点在城市居民身上表现得更为明显。从身份认同来看，外来人口的身份认同比较模糊。从社会距离看，城市居民立场的社会距离比外来人口立场的社会距离要大得多。

第二，从外来人口的分层次融入模型来看，验证了本书提出的大部分研究假设：①居住空间隔离对外来人口的 5 个层面融入均有显著影响，居住隔离程度的提高会显著降低外来人口在这 5 个层面的融入水平。②职业空间隔离对外来人口的经济融入、生活融入、身份认同和社会关系融入均有显著影响，职业隔离程度的提高会降低外来人口在这 4 个方面的融入水平。但职业空间隔离并不影响外来人口与城市居民的社会距离，这可能与社会距离是一种与对方关系的预期有关。③除了两个关键变量职业空间隔离和居住空间隔离外，其他的一些个人特征对外来人口的城市融入也存在一定的影响，具体为：有职业资格证书的比没有职业资格证书的外来人口经济融入水平要高；教育和是否有职业资格证书会影响外来人口的社会关系融入；教育、职业资格证书和外出时间三个因素对外来人口的身份认同有显著影响；教育程度越高，与城市居民的社会距离越远。

第三，从城市融入总水平模型可以看出，居住空间隔离和职业空间隔离均会降低外来人口的城市融入总水平。另外，居住空间隔离对城市融入水平的影响还存在着性别差异，即性别对居住空间隔离和外来人口城市融入水平之间存在调节作用，居住隔离程度高的男性城市融入水平较高，随着居住隔离程度的提高，女性的城市融入水平呈下降趋势，在隔离程度为 3 时（即居住在“大概一半”本地居民社区的外来人口）男女两性城市融入水平相等，居住在“几乎全是”本地居民和“多于一半”本地居民社区的外来人口女性的城市融入水平高于男性，而居住在“少于一半”、“几乎没有”本地居民社区的外来人口男性的城市融入水平要高于女性。

四 本章小结

（1）在对有关外来人口、流动人口、农民工现有测量指标借鉴的基础上，结合本书的内容和特点，选择了 5 个方面 27 个指标对外来人口城市融入分别从外来人口和城市居民的角度进行测量，并将二者进行对比，较为准确描述了外来人口的城市融入水平。

（2）从经济层面看，外来人口在有关职业的 10 个指标满意度上均低于城市居民，其中最低的两项是工资收入和假期，工作时间长、工资水平低是外来人口的一个重要职业特征。

（3）在生活融入方面，主要选择的是与生活环境、居住条件、交通通勤有关的 10 个指标，在这 10 个指标上，外来人口的满意度也均低于城市居民。其中，外来人口最不满意的是房子大小、配套设施和房租，居住面积小、配套设施差、环境简陋、房租压力大是外来人口的主要居住特征。

(4) 外来人口与城市居民在社会交往上存在着不对称的现象，即外来人口与城市居民的交往要好于城市居民与外来人口的交往，但共同的一点是，二者的交往以业缘关系为主。

(5) 现居于城市而户籍在外地让很多外来人口对自己的身份归属产生模糊和不确定感，他们无法判断自己究竟是哪里人。从留居意愿看，有留城意愿的外来人口占到调查样本的一多半，在有回乡意愿的人中，又有超过60%的人希望定居在老家县城，这说明即便是返乡的外来人口也不是重新返回农村。

(6) 外来人口与城市居民的社会距离要大于城市居民与外来人口的社会距离。

(7) 居住空间隔离对外来人口的分层次融入水平和总体融入水平均有显著影响，职业空间隔离对外来人口的经济融入、生活融入、社会关系融入、身份认同有显著影响，同时对外来人口的城市融入总水平也有影响。除此而外，外来人口的人力资本也表现出对城市融入水平的强大解释力，在总融入水平上，性别对居住空间隔离和城市融入存在调节作用，而职业空间隔离对城市融入的影响不存在个体人口学特征上的任何差异。

第七章 基于空间视角的外来人口城市融入政策建议

从国内外城市发展的进程来看，无一例外地都存在空间隔离现象。空间隔离是现代社会以市场为主的资源分配和资源调节机制带来的必然后果。从我国的情况来看，这种隔离既存在于城市原有居民之间，也存在于外来人口和城市居民之间，但在外来人口与城市居民之间表现得更为明显和突出。

本书以上的分析表明，外来人口在城市空间分配过程中处于一种边缘化状态。从职业空间看，外来人口聚集于特定的行业，其中有很多属于脏、累、危险、工作环境较差，而且收入较低的职业，在这些行业中，本地居民的比例较低。同样的，在城市居民所从事的某一些行业中，外来人口的聚集度非常低，而这些行业通常是一些比较稳定、体面、收入较高而且工作环境好的行业，如一些专业技术工作或政府事业单位，外来人口缺乏进入这些行业的机会。

从居住空间看，外来人口中租住私人住房的比例占调查样本的64.8%，这些私房主要是一些低端私人住房，大多位于城中村或城郊村。在城市化快速推进的过程中，原来的一些城市附近的村落逐渐被城市建成区包围，所处位置成为城市的核心区位，这些城中村给外来人口提供了一个相对租金低廉、区位较好同时通勤成本较低的居住场所。另外就是位于城乡接合部的城郊村，城中村和城郊村的主要居住者除了村民以外就是大量的外来人口，而且往往形成本地村民与外来人口的“倒挂”，这些低端住房的空间区位决定了外来人口与本地居民形成居住上的空间隔离。与低廉的租金相对应，外来人口居住环境较差，基本的配套设施不完备，安全性和舒适性不能得到保障。

在购物空间上，外来人口与本地居民也呈现出一定的差异，本地居民在高端消费场所购物的比例要高于外来人口，对休闲娱乐等公共空间的使用也表现出与本地居民的差距，外来人口对公共文化空间的使用远低于城市居民。

在空间隔离和外来人口城市融入水平之间建立关系模型后发现，职业空间隔离和居住空间隔离对外来人口的城市融入都存在显著影响，且作用方向为负向。因此缩小外来人口与城市居民空间距离就成为促进外来人口城市融入的一个重要方面。

但缩小外来人口和城市居民的空间距离不意味着要完全消除空间隔离，城市空间隔离在任何时候任何社会都不可避免，完全均等的空间分配也是不存在的，如列斐伏尔所说“空间是社会关系的产物”，空间格局的形成是一个复杂的经济、政治、社会文化以及个体心理过程综合作用的结果，具有一定的必然性和不可抗性。我们要反对的并非空间隔离本身，而要考虑空间隔离的形成是基于怎样的机制，这种机制是否体现了一个群体对另一个群体的剥夺，或者是存在基于制度安排层面上的不公正。从这个思路出发，应该基于空间公平的理念，综合考虑外来人口和城市居民空间隔离的形成机制和造成外来人口空间隔离的各方主体，据此采取相应的空间有关措施，更好地促进外来人口的城市融入。

一　外来人口空间隔离的形成机制

国外关于空间隔离的研究表明，空间隔离主要是基于种族差异、经济社会地位差异、家庭择居行为等因素而造成，而我国城市中外来人口与城市居民空间隔离的根本原因在于城乡二元体制。新中国成立后，我国城乡关系经历了开放—隔离—逐步开放三个阶段，国家通过一系列的文件、政策、法令等规制了中国的城乡关系。新中国成立初期，是中国城乡人口的自由迁徙时期，这一时期，外来人口进入城市很容易，进入城市三天后到有关部门可登记暂住户口，居住超过三个月，就可以申请常住户口；1954年的宪法也规定公民有迁徙和居住的自由；1953 年国家为了保证粮食供给，通过了《中共中央关于粮食统购统销的决议》，开始对粮食实行统购统销政策，此后，相继对食油和棉花也实行了这一政策；1955 年，国务院发布《关于建立经常户口登记制度的指示》，开始统一全国城乡的户口登记工作；1956年12月，国务院发布《关于防止农村人口盲目外流的指示》；在1957年，国务院接连下发一系列制止农民进城的文件，对农民进城做出限制；1958年，《中华人民共和国户口登记条例》颁布，标志着以户籍为核心的城乡二元结构正式确立，从此以后，城市和乡村成为封闭的、互不流动的两个地域，城市居民和乡村居民也成为拥有两种身份、享有不同国民待遇的群体。此后一直到1984年，国家允许农民自带口粮进城，这期间中国城乡经历了20多年的绝对隔绝，城乡之间的联系是通过国家这一中介来完成的。1984年以后，绝对分割的城乡二元格局有所松动，农民可以进城务工，从此以后，全国分步骤、分地区、由小城市到大城市开始逐渐破除户籍上的城乡界限，实行统一的城乡户口登记制度。二元体制虽有所改观，但附着在户籍上的许多福利、利益并未真正惠及城市中的外来人口，如医疗、教育这些最为关键的利益依然是以户籍为依据进行分配的。

户籍改革不是一蹴而就的，由户籍制度所造成的后果存在着滞后效应，所形成的二元分割也具有强大的传递性，短时期内难以消除。其中一个表现就是劳动力市场的城乡二元分割会在相当长时期内继续存在，这使得相当数量的外来人口主要集中于一些低端劳动力市场，与本地居民形成一定程度的职业空间隔离。职业空间隔离的直接后果就是外来人口在经济社会地位上的低下。从居住空间来说，长期以来的住房保障体系的属地保障特性使得大城市住房体系只将城市居民纳入其中，在城市居住空间的分配中，外来人口作为后进入者，而且作为未被赋予权利的群体，除了拥有强大经济实力从市场上购买住房外，他们中的大多数很难依靠自身的力量获得属于自己的住房。外来人口作为长期在农村生活的群体，形成了基于农村生产方式和生活方式的亚文化，如重视血缘、地缘，进入城市后，他们往往会在城市中复制这一亚文化，在空间表现上就是同乡聚集、亲缘聚集，这不仅表现在职业空间上，同时也表现在居住空间上。外来人口与城市居民在公共空间使用上的差距实质上是其经济能力和外来人口亚文化共同作用的结果。三个层面空间隔离的形成过程大致可以用图7—1来表示。

从导致外来人口空间隔离的主体看，可以概括为政府、市场、城市居民、外来人口，其中，政府主要是通过制订城市规划方案、土地管理制

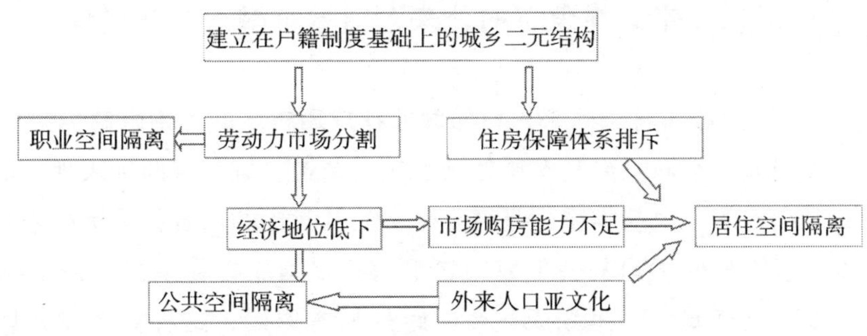

图 7—1　外来人口空间隔离形成过程

度、外来人口有关政策和住房保障制度等一系列的政策或法规来影响外来人口的空间分配。市场主要是通过竞争机制，外来人口由于在劳动力市场和住房市场竞争力的低下造成其在城市空间分配中的不利地位。由于本地城市居民对外来人口的歧视和排斥也导致外来人口和城市居民之间形成一定的空间距离，外来人口的人力资本存量低是导致外来人口在职业领域竞争力不足的一个重要原因。另外，外来人口的亚文化也使得外来人口在城市空间中形成聚居的居住形态（见图 7—2）。

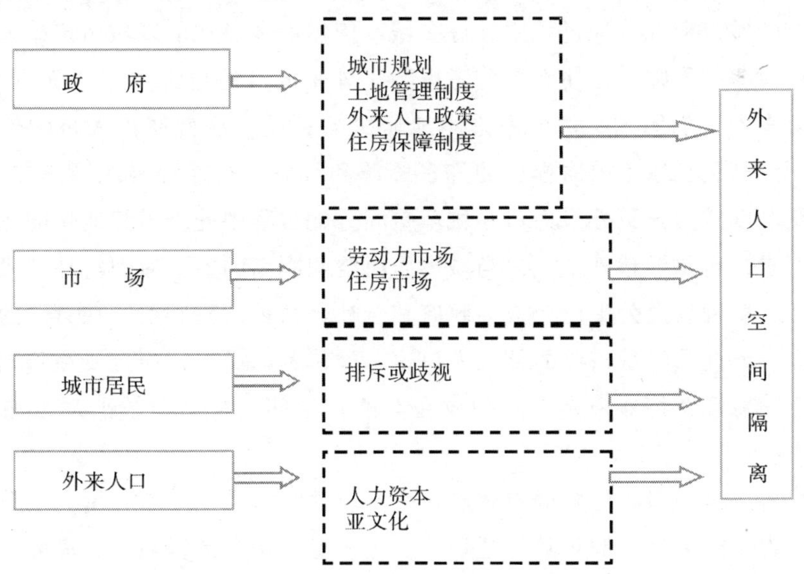

图 7—2　外来人口空间隔离形成的相关主体

二 空间视角下的外来人口城市融入政策建议

（一）突破将解决外来人口问题放在户籍属地的思维限制

外来人口空间隔离其实质是城乡二元结构在城市空间的表现，消除城乡二元结构的一个基本原则是城乡公平。从我国的城乡关系历程来看，一直以来就不是处于同一公平原则之下，新中国成立初期的“农业支持工业、农村支持城市”是今天城乡差距的根本原因，这种城乡二元体制对于新中国成立初期的社会稳定和国家经济发展起到了很大的推动作用，但根本上是以牺牲农村和农民利益为代价的。在国家和社会财富日趋增加的情形下，对农村和农民利益进行补偿不仅是全民共享社会发展成果的一个实际举措，也是缩小城乡差距、维持社会稳定、体现社会公平的必然选择。

但从目前国家缩小城乡差距的举措来看，大都是在农村地域范围，如新农村建设、农村合作医疗、种粮补贴、农机补贴等、外来人口子女教育有关政策等这些措施对于目前依然生活在农村并以农业为职业的人口非常有益，但却忽略了那些户籍在农村、工作生活于城市的外来务工人员。在现有的城市资源分配过程中，许多城市依然沿袭以往的以城市户籍人口为服务对象的思维，即使有一些考虑到了外来人口的也都本着“先本地人，后外来人”的原则，优先考虑本地居民的利益，这就使得大量的外来人口无法享受到城市政府提供的许多资源和服务。在这种属地管理方式下，户籍制度成为导致外来人口在城市空间分配过程中处于劣势地位的一个重要因素，也是导致外来人口与城市居民空间隔离的重要原因。在解决城乡差距、实现社会公平已经成为政府和全社会共识的基础上，在具体的政策层面应该注重将城市中的外来人口这一群体考虑进去，而且要注意到其中的空间意涵，将外来人口问题放在其所在空间而非其身份所属区域进行解决。

解决这一问题需要城市政府在配置资源时以常住人口数量为基数，同时考虑到外来人口的年龄、性别、文化程度、子女是否随迁、家庭生命周期、在城市空间中的区位等，不仅在空间资源的数量上满足人均需求，而且充分照顾到人口结构对不同空间资源的影响。可以从如下几个方面努力。

(1) 充分发掘人口统计有关资料，对其中有关外来人口部分进行细致分析，在空间资源分配时不仅考虑现有的外来人口状况，而且也要对未来可能的发展趋势进行预测，使得空间资源配置具有一定的前瞻性。

(2) 针对现有城市空间资源分配过程中外来人口边缘化和被排斥的状况，需要有专门的机构负责外来人口的空间分配。如针对外来人口聚居区进行交通线路的优化和配置，在城市中，沿线有城中村的公交线路通常也是最拥挤的线路，由于外来人口的主要出行工具是公交车，他们比其他群体更依赖公共交通，因而需要在外来人口聚居区增设相应的交通工具量；在外来人口聚居区配置相应的教育、医疗机构并建立公共文化和休闲娱乐设施，解决其子女的入学问题、外来人口的看病问题和缺少休闲空间问题。

(3) 在目前外来人口居住空间不稳定的情况下，在制定与外来人口有关政策时应充分注意将资源配置与一定的地域相脱离，改变过去那种以户籍、居住地为依据的做法，使得外来人口的各项福利可以在城市内部不同区域甚至是不同城市之间相衔接。

（二）改革收入分配制度，缩小外来人口和城市居民的收入差距

空间隔离在一定程度上是经济地位差异在空间上的体现，外来人口在城市空间上的边缘化根本上是因为经济地位低下，缩小二者的贫富差距可以使外来人口空间隔离得到一定程度缓解。已有研究表明，外来人口与本地居民在收入上存在较大差距。在本书中，去掉1%最高和1%最低收入后计算外来人口和城市居民的平均月收入分别为2338.38元和2867.2元，在初次分配时存在着一定程度的收入差距。除了收入差距外，外来人口基本上被排除在城市各项社会保障如住房、医疗、子女教育体系之外，保障体系对于其保障对象来说是一种潜在的经济支持，缺乏保障支持使外来人口在城市的各项基本需求满足过程中与城市居民相比所要支付的经济成本高很多。

改革收入分配制度可以从减小初次分配环节的收入差距和重视再分配环节对外来人口的补偿两方面进行。外来人口和城市居民的收入差距主要来自于初次分配环节，初次分配环节要注意减轻外来人口密集的私营企业

的各项赋税。长期以来，国家对一些垄断企业、外资合资企业等强势企业有着过多的偏向，而需要扶持的国内私营企业却负担过重，这种政策客观上降低了私营企业在初次分配环节的付酬能力。降低私营企业的各项赋税，减轻企业负担，使得私营企业有一个良好的发展空间，提升其赢利水平，通过政策促使其将其中的一部分转化为员工工资收入，对于提升外来人口的收入有重要意义。对于一些资源性的垄断行业，由于资源的全民共有性质，增加资源税的征收比重，将资源税所得用于全民分红，使得公共资源的收益归于社会所有人。破除体制壁垒，改变用工制度，实行同工同酬，在同一企业或单位内部，无论是正式工、合同工还是临时工，只要从事同一工种，做出同样贡献，都应该享有同等待遇，防止因身份差异造成外来人口和本地居民的收入差距。

除了缩小初次收入分配差距外，还要重视再分配环节对外来人口的补偿。再分配主要体现在各类保障制度设计上，如各项福利制度、医疗保障、教育制度、贫困或失业救济制度等，突破现有的以户籍属地为标准的保障体系，建立居住地社会保障体系，将满足一定期限在城市工作生活的外来人口纳入城市保障制度范畴。

（三）建立市场、政府、企业三位一体的住房供给体系

外来人口与本地居民的空间隔离在居住空间上表现得更为明显，而且，相对于职业空间来说，居住空间上的隔离状况对外来人口城市融入的影响更大，为此，需要从造成居住空间隔离的原因方面来探寻消除空间隔离的政策。在造成居住空间隔离的诸因素中，住房制度改革过程中市场化过度是一个直接因素。住房制度改革前，我国不存在真正意义上的土地市场，土地的使用都是由国家统一划拨；住房制度改革后土地利用方式的转变使得市场机制成为分割城市空间的一个重要力量，原来的在单位制掩盖下的社会经济地位差异在城市空间上得以体现，地租开始成为过滤不同群体在城市空间分布的一个重要因素。在住房改革过程中，房地产商和城市政府成为住房市场的开发主体，房地产商利益至上，追求利润的最大化，政府为了追求 GDP、地方财政收入和政绩考核的需要，一般也选择将土地收益最大化，从政策上鼓励房地产业的发展，政府行为的企业化导致政府在制定公共政策时常常将经济利益放在首位，从这一点上来说，房地产

商与城市政府在利益上有着高度的一致性，二者的合力将外来人口群体排挤于住房市场之外。在住房市场化过程中，个人收入成为决定人们获得住房的首要因素，现有的收入水平、预期收入水平以及从周围所能够获得的购房支持资金决定了人们的住房区位和住房类型。因为房价的约束作用，富裕阶层的选择自由度远远大于贫困阶层，外来人口由于在经济上的弱势地位，通过个体努力利用市场途径在城市中获得属于自己的住房的可能性较小。大多数只能是租住私人住房，居住在城市环境较差的地方，在城市空间上形成与本地居民的隔离状况。这种做法完全将住房当成了市场上与其他私人消费品等同的商品而忽略了住房的公共产品属性，政府在为社会成员提供住房上的责任也消失了。

由于住房改革过程中市场化程度过高所带来的一系列问题，中央和地方政府也开始采取一系列措施恢复政府在公共住房保障过程中的作用，在这个过程中，需要中央政策保障和城市政府为开发更多的住房提供途径，发挥市场、企业、政府各主体的作用。具体来说：

（1）市场主体主要提供高质量同时价格也较高的住房，其供给对象主要是那些经济条件好同时对住房质量有较高要求的群体，这部分人具有较强的付租能力，可以通过市场途径获得住房。

（2）对于一些较大的企业或单位，鼓励它们以自主建房或以团购的方式从市场途径获得住房，如一些城市新兴的科技园区或一些年轻人较多的单位，通过政策引导或经济补贴的方式鼓励它们自建青年人才公寓或为年轻人提供宿舍，满足刚毕业参加工作的单身外来人口青年的临时住房需求。对于那些已经组建家庭的职员，一方面可以由单位继续提供住房；另一方面也可以由单位出面以团购的方式从市场获得住房，这样可以极大地降低其员工职工获得住房的成本。

（3）政府的主要作用是保障底层人士的基本住房，无论社会如何公平，城市中都会存在着一些因为个人能力而无法获得最基本的生活空间的弱势群体。对于这部分人，城市政府应该充分考虑到住房的公共属性，为他们提供公共住房以帮助其维持基本的体面生活，这就需要政府加大保障性住房的开发与供应量，将外来人口纳入城市的住房保障体系范畴。从现有的城市具有公共性质住房的供给状况来看，大多数城市还是以城市居民为优先考虑对象，如廉租房、经济适用房、限价房，其适应对象都是城市具有户籍的本地人。在现有的住房保障体系中，仅有公租房是面向外来人口的，而且主要面向的是外来人口中的中低等收入阶层，从公租房租赁价格来看，略低于市场房租，因而能够而且愿意租赁公租房的应该是外来人口中的中等收入阶层而且对住房质量有一定需求的人员。除了政府自新建公租房以外，可以考虑多渠道筹措用于公租房的房源，将一部分的闲置房纳入公租房的范围，通过政府补贴差价的方式面向外来人口出租，这样一方面可以避免建设新的公租房周期过长的缺陷；另一方面也可以充分将当地市场上的闲置房源加以利用，防止房产资源的浪费和过度建设。对于外来人口中的低收入群体，他们的经济状况使得其租住公租房也是一种奢望，现有各个城市的公租房价格对于外来人口中的低收入群体还是偏高，加之各个城市公租房建设刚刚起步，资源非常有限，对申请对象的工作稳定性、社会保险的缴纳以及在城市中的居住时间都有所限制，申请起来比较困难，对于那些非固定就业的外来人口来说，他们更愿意去寻求价格低廉、居住条件稍差的私人出租房。为了使得政府的政策能够公平地惠及整个外来人口群体，体现公共住房供给中的机会均等，可以考虑通过发放住房补贴的办法减轻这部分人在住房方面的压力。

（四）实行一定的混居策略

从西方国家的经验来看，许多国家在早期的公共住房提供过程中，大都只注意到了住房在提供内部居住空间上的作用而忽略了居住空间的外向性，对于公共住房的区位分布未加重视。公共住房或廉租房一般都修建在区位较差、地价较低的地区，并且连片分布，结果导致了低收入群体或弱势群体在空间上的聚集，最终这些区域沦为了“贫民窟”或犯罪高发区，在物理空间上与其他阶层居住区隔离、在社会距离上与主流阶层拉大，贫富悬殊，导致了社会矛盾的激化。如法国在第二次世界大战后为了解决居住问题，在郊区集中修建了大量住宅，但到20世纪70年代末，几乎都沦为贫民的居住地（章征涛等，2012），引发了大量的城市骚乱或城市暴动；2005年涉及法国众多城市的城市骚乱或城市暴动正是社会阶层空间隔离的一个结果。美国在20世纪30年代经济危机时期和第二次世界大战后都曾修建大量的公共住房，虽然不像法国那样集中于城郊，但无论是城郊还是内城，这些区域现在也基本上都成为贫民居住区，形成与周边区域的空间隔离。

为了消除空间隔离，这些国家都不同程度地实行了空间融合政策。法国在 20 世纪 80 年代就开始实行了一系列的城市政策以减少隔离促进城市融合，主要是针对城市贫困街区，被称为“社会邻里发展计划”。这个计划的目的是减少贫困者和移民的隔离、促进社会融合，在这项计划中，空间受到重视，政策不再指向特定群体而是特定区域。到 90 年代，这一计划变得更加制度化，纳入的城市和区域也更多。2000 年法国通过的《社会团结与城市更新法》将 750 个城市纳入其中，城市更新计划的一个重要内容就是实行“贫富混居”，这一法规强制性地规定了各个城市必须建立一定数量的廉租房，其比例大致为总住房面积的 20%；另外还规定了将廉租房建在普通住宅区，使低收入者与高收入者“同在一个屋檐下”（新华每日电讯，2006）。英国的住房政策经历了一个从自由放任—政府干预、福利政策—市场化—市场化与政府配建的转变过程，在市场化这一公房私有化阶段，英国也出现了劣势区位住宅的贫民化现象，针对这一情况，1990 年，英国的《城乡规划法》规定了开发商的一项规划责任就是在项目开发地周围要配建一定的保障性住房。2000 年，英国《住房绿皮书》进一步强调混合居住，英国将曼彻斯特、利兹和东伦敦的三个地区定为混居示范点。美国的空间融合政策主要体现在政府公共住房政策上，关于美国政府混合居住方面的政策如表 7—1 所示。

表 7—1　　美国混居政策

时间	项目名称	主要特点
1972 年	The 80/20 Bond Program	允许地方政府和国家机构出售免税债券，以资助混合居住的发展
1986 年	Low Income Housing Tax Credit	国家最大的经济适用房项目，20%—40% 住房提供给低收入群体，18% 的住房为税收抵免住房，租金不是固定不变的，补贴的分配是基于吸引更多的外部资金来开发混合居住区

续表

时间	项目名称	主要特点
1990 年	Family Self - Sufficiency Program	社区接受个案管理服务，居民必须支付 30% 额外收入来积累资金支持公共住房的发展，低于一半的成员支持这一计划，少于 5% 有孩子的合格家庭参与
1992 年	HOPE VI Revitalization Grants	最重要的公共住房项目，1990—2002 年投入 45.5 亿美元将 78000 套公共住房改建为混合居住，取消低收入家庭的优惠，为个人设立公共住房基金和补贴项目
1998 年	Quality Housing and Work Responsibility	高收入群体进入低收入社区和低收入群体进入高收入社区，40% 公共住房必须接纳低收入贫困群体，其余的住房尽可能提供给中高等收入群体

以混居为主要特征的空间融合政策在一定程度上缓和了社会的冲突和对立，在一定程度上消除了贫困阶层的大面积聚集和由此带来的社会问题。但“物以类聚，人以群分”是人类的天性，无论是从低收入阶层还是高收入阶层来说，与和自己不同类的人居住在一起，都会存在不适应。欧美国家的执行混居政策的过程中也存在这一问题，如一些少数民族群体，即便其中有一部分高收入阶层，他们也还是选择与自己的同族进行聚居；一些贫困阶层，他们更愿意选择与自己同等阶层的人住在一起，而一些混居社区也经常面临高收入阶层纷纷搬离的尴尬局面。而且，在一些表面上混居的社区中，不同阶层之间也并未形成有效的交流与互动，他们互不往来，反而使得原有的隔离和对立变得更为明显和直接。即使不同阶层混合居住面临一系列问题，混合居住依然是欧美国家不懈坚持的一个方向，因为相对于隔离居住，混居更有利于社会形成多元文化，增强人们对其他群体的了解、宽容和忍耐，降低不同阶层或不同族群间的仇视和冲突。

从我国的情况来看，关于混居政策，一直以来也有着批判的声音，从现有对“混合居住”持批判态度人的观点来看，主要集中在两点上：①不符合市场原则，城市的不同区域由于资源禀赋不同，因而地价也存在差异，有些地段禀赋条件好，地价自然高，下层人士居住于这样的地段，支付不起高昂的地租或房价；②贫富分化是正常现象，强制性的混居不能起到社会融合的作用，而且会导致贫富对比更为明显和直接。从某些方面来看，这两种批评意见确实有一定的道理，但仔细分析便会发现，这两种观点其实只是看到了事物的表面，持的是一种“自由放任”观点，忽视了在公共资源配置中政府的作用，或者是机械地理解了混居政策。针对第一种批评，需要说明的是，市场原则只是调节资源配置的一种方式，市场原则不会自动地达到社会公平，现有的贫富差距正是我们在改革开放过程中过度发挥市场的效率原则的结果，结果损害了公平，如果继续以这个思想作为城市资源配置的指导思想，必然会走欧美国家的公共住房提供过程中所犯的错误，在城市资源尤其是作为公共资源的城市空间分配上，需要政府采用强制性手段进行干预以防止由于市场失灵而带来的社会公平问题。针对第二种批评，需要说明的是，这种观点在一定程度上误读了混居政策，混居并不是机械地采用强制手段将不同地位的两个群体安排在较小的地域单元，让穷人和富人住在同一小区或同一单元，这样的混居方式无论哪个地位群体都不会满意而且容易造成新的社会矛盾，在实际的操作过程中，要注意混居的具体形式。居住方式除了是经济地位在空间上的反映外，还是人际关系、地域文化和社会心理的体现，因而在实施混居时一定要非常慎重，孙立平提出的“大混居、小聚居”的解决空间隔离的思路非常值得借鉴。在具体的操作层面上，混居可以从两个方面进行，一是梯度混居；二是区域混居。

所谓梯度混居，就是使在相邻空间上的阶层不要悬殊过大，可以按照上层—中上层—中层—中下层—下层的群体等级来进行空间安排，住在同一个邻里单元内的安排同一阶层，同一小区内可以安排相邻阶层，如一个小区内可以有上层和中上层、下层和中下层，这种安排使得悬殊较大的阶层间具有了缓冲阶层，不易形成明显的阶层对比和阶层冲突。而所谓区域混居指的是在一个较大的区域空间上进行混居而不是在小区层面或邻里层面进行混居。依据芝加哥学派的城市空间结构理论，城市空间的形成过程中除了竞争因素的作用外，还有一个重要因素是“共生”，也就是功能互补的要素要相互邻近。由于不同阶层在市场上竞争力的大小不同，导致了他们在城市空间上的隔离，但不同阶层之间还存在着共生的关系，如社会的较上阶层需要下等阶层为他们提供服务，下等阶层可能也需要上等阶层为他们提供劳动机会，如果二者空间距离过远，对双方来说都非常不便。在调查过程中也发现，许多居于曲江一带的被调查者普遍的不满就是“生活不方便”，购买日常用品、吃饭、买菜、家政服务等都非常不便，造成这一现象的原因和曲江一带连片高档社区规划有关，一般的小商店、餐饮、一些服务业的从业者无法在此居住，因而也就没有人提供相应的服务。针对这一点，可以参照商圈规划的方法，使一定的区域内分布有不同的阶层，这样既避免了大面积区域同一阶层的聚居而形成空间隔离，同时可以给住在这一区域的人提供就近的就业机会，缓解由此而给低收入阶层带来的通勤成本和城市交通压力。

在城市改造和城市更新过程中注意保留外来人口中群体的社会关系和社会网络。由于城市原有的空间已经比较固定，不可能在大的尺度上重新安排外来人口和本地居民，但在现有的城市更新和城市改造过程中可以将外来人口的空间需求加以考虑。如各大城市都在进行的城中村改造就是一个涉及相当数量外来人口的举措，但现有的大多数城市在城中村改造过程中并没有考虑到居住在此的外来人口，只对原有的城中村居民做了安排。除了安排城中村居民的土地外，城中村开发出来的多余土地可能被开发成商品住宅、商铺或其他用途。笔者认为可以将城中村改造与外来人口的居住问题结合起来进行解决，将原有的城中村土地用于解决居住于此的外来人口住房问题，建立公租房或外来人口公寓，待城中村改造完成后，原有在此居住的外来人口可优先租住，并鼓励原来基于地缘聚居的外来人口群体入住。这样一方面可以形成外来人口对城市空间的认同；另一方面也可以在一定程度上保留其小范围内的文化习俗和人际关系网络，这对城市融入有着非常有益的作用。

（五）提高外来人口的专业人力资本水平

第六章的分析表明，外来人口的人力资本对其城市融入水平有着显著影响，人力资本通常用教育程度和是否拥有职业资格证书来表示，这里将教育程度称为初始人力资本，职业资格证书称为专业人力资本，从二者对外来人口城市融入的程度来看，专业人力资本对外来人口的城市融入水平影响更大，说明在全社会教育程度普遍提高的情况下，初始人力资本对提高外来人口城市融入水平的作用在降低。而以工作经验、工作技能和工作能力形式体现的专业人力资本对提高外来人口城市融入的作用更明显。因此政府在为外来人口提供技能培训时应该有针对性地进行，为外来人口提供一些有助于提高专业技能的培训。另外注意拓宽现有职业技能资格考核和鉴定的范围，免费为外来人口提供职业资格鉴定，使他们可以通过正式的专业认证对其工作技能予以确认，从而有助于提高他们在劳动力市场上的竞争力。

三　本章小结

本章节在明确外来人口空间隔离形成机制的基础上，提出了解决我国城市外来人口空间隔离，促进其城市融入的原则和政策建议。具体措施为：

（1）突破将解决外来人口问题放在户籍属地的思维限制；

（2）改革收入分配制度，缩小外来人口和城市居民的收入差距；

（3）建立市场、政府、企业三位一体的专业住房供给体系；

（4）实行一定的混居策略；

（5）提高外来人口的专业人力资本水平。

不足与展望

第一，由于未能获得第六次西安市人口普查数据中街道层面的外来人口有关数据，导致本书无法在更小的空间范围上分析外来人口的城市空间分布情况，也无法将 2010 年外来人口在街道层面的空间分布情况与 2000 年的数据进行对比，这是本书比较遗憾的一个地方。这需要在以后的研究中进一步从各个行政区的统计机构继续查阅这方面的数据，对现有研究进行补充。

第二，在对空间隔离进行测量时，采用的方法是让外来人口和城市居民自己对所在职业空间、居住空间和公共空间的对应群体进行判断并说明，这种方法在操作上比较简单易行，但作为一种主观测量方法，有可能受到研究对象判断不准的影响，变得不很精确。尤其是在职业空间和居住空间上，用了“几乎全是”、“多于一半”、“大概一半”、“少于一半”、“几乎没有”五个层级来表示空间隔离程度，这种隔离程度的表示比较模糊。针对这一点，在以后的研究中可以考虑采用在基本判断的基础上加入研究者对相应的职业空间和居住空间的直接考察，将研究者的客观测量与研究对象的主观判断结合起来作为空间隔离的程度的衡量标准。

第三，影响外来人口社会融入的影响因素非常多，本书主要关注的是空间隔离因素的影响，研究中进行控制的变量主要是一些人口学特征变量，这就使得一些影响外来人口社会融入的重要因素可能被忽略。从模型的解释力可以看出，确实存在解释力不高的问题，显然有一些重要的因素未被纳入。在以后的研究中要进一步探讨可能影响外来人口社会融入的其他因素，尽可能地消除其他因素影响，在此基础上探讨更为精确的空间变量与社会融入之间的数量关系。

附　　录

附录1：空间隔离与外来人口城市融入（外来人口问卷）

总编号：　　　　　　　　　　　访员姓名：

外地来西安工作人员调查问卷（外来人口卷）

亲爱的朋友：

为了了解您的工作与生活状况、进行学术研究并向政府有关部门提出改进性的政策建议，我们通过这份问卷进行调查。调查不涉及个人隐私，对问题的回答也无所谓对错，所有资料只进行统计汇总。同时，我们将对您的个人资料予以保密，请您不必担心。

谢谢您对我们的支持和协助！

西北农林科技大学人文学院

2012年7月

调查人员填写：调查地点：西安市_____区_____路（或写明详细位置）

（一）个人基本情况

A1 请问您是哪一年出生的：_____年

A2 性别：1. 女；2. 男

A3 您的户口所在地：_____省（自治区、直辖市）_____市（地、州）_____县（区、县级市）

A4 您的受教育程度：1. 小学及以下；2. 初中；3. 高中（中专、技校）；4. 大专及以上

A5 婚姻状况：1. 未婚；2. 已婚；3. 丧偶；4. 离婚（回答1的跳到A10）

A6 您是哪一年结婚的:_____年

A7 请问您有没有孩子：1. 有；2. 没有（回答 2 的跳到 A10）

A8 您是否有孩子处于上学的年龄（大学除外)：1. 有；2. 没有（回答 2 的跳到 A10)

A9 请问他们在哪里读书：(可多选)1. 农村学校；2. 老家县城学校；3. 本地公办学校；4. 农民工子弟学校；5. 失学

A10 您是否获得过国家承认的职业资格证书、技术等级证书：1. 有；2. 没有

A11 请问您的家庭成员目前在家务农（或生活）的有：（可多选）1. 父亲;2. 母亲；3. 配偶；4. 子女；5. 其他未成家的兄弟姐妹；6. 以上皆无

A12 您有过务农的经历吗：1. 没有；2. 有，多长时间_____年

（二）职业空间

B1 第一次出来打工是哪一年:_____年

B2 请问您第一次到西安打工是哪一年:_____年

B3 请问您 2012 年以来月收入:_____元/月

B4 请问您现在的工作（工作部门 + 工作岗位或工作内容，如 × × 商场营业员、× × 工地建筑工人）

B5 请问您现在所在单位的性质：1. 国有企业；2. 集体企业；3. 私营企业；4. 外资或合资企业；5. 个体户；6. 党政机关；7. 事业单位；8. 其他

B6 请问您现在的工作场所：1. 工地；2. 除工地的户外；3. 车间；4. 室内营业场所；5. 办公室；6. 家里；7. 其他

B7 请问您的上班地点:_____区_____路_____附近（标志性建筑）

B8 请问您现在上班最主要或最常用的通勤方式：1. 不需要通勤（如住在单位或店里）；2. 步行；3. 自行车；4. 电动车或摩托车；5. 公交车；6. 地铁；7. 自驾车；8. 公司或单位班车；9. 出租车；10. 搭乘别人的私家车；11. 其他

B9 请问您上班路上所需要花费的时间_____（不需要通勤的请填 0）

B10 在您的工作单位，有多少是本地居民：1. 几乎全是；2. 多于一半；3. 大概一半；4. 少于一半；5. 几乎没有

B11 您和他们打交道的情况如何：1. 经常交往；2. 偶尔交往；3. 很少交往；4. 从不交往

B12 您在工作中是否需要和本单位以外的市民打交道：1. 需要；2. 不需要

B13 您和本单位以外的市民交往情况如何：1. 经常交往；2. 偶尔交往；3. 很少交往；4. 从不交往

B14 您和本地居民的交往内容都有哪些：（可多选）1. 工作上的事；2. 非情感的私人事件；3. 情感方面的事；4. 纠纷和摩擦；5. 其他

B15 请问您到西安后换过几次工作：_____次（个体经营者换一次经营场所或换一次行业均算换工作，没换过的请填0，并跳过B16）

B16 请问您最近一次换工作原因：1. 获得更好的收入；2. 寻求更好的发展空间；3. 工作地点不合适；4. 公司或单位人际关系原因；5. 被公司或单位辞退；6. 公司或单位倒闭破产；7. 拆迁；8. 租金太高；9. 其他

B17 请问您是如何找到现在这份工作的：1. 学校或政府组织劳务流动；2. 亲友老乡介绍后自己应聘；3. 自己直接应聘；4. 通过劳务市场或中介；5. 家人或亲朋直接安排；6. 其他

B18 请对您工作的以下方面进行评价：

	非常满意（非常适应）	满意（适应）	一般	不满意（不适应）	非常不满意（非常不适应）
B181 对自己所处的行业					
B182 工作环境					
B183 工作地点					
B184 规章制度					
B185 劳动强度					
B186 工作时间					

续表

	非常满意（非常适应）	满意（适应）	一般	不满意（不适应）	非常不满意（非常不适应）
B187 工资收入					
B188 假期					
B189 工作中与本地人的关系					
B1810 工作地点交通便利程度					

（三）居住空间

C1 请问您现在住在____区____街道（属于哪个街道办事处）

C2 请问您从哪一年开始住在这里的：____年

C3 请问您住的社区属于：1. 棚户区；2. 未经改造的老城区；3. 工矿企业单位社区；4. 机关事业单位社区；5. 经济适用房小区；6. 普通商品房小区；7. 城中村改造小区；8. 未经改造的城中村；9. 未经改造的城郊村；10. 高档商品房/高级住宅区/别墅区

C4 请问您的住房属于：1. 单位提供免费宿舍；2. 租住单位宿舍；3. 租住私人房子；4. 租住公租房；5. 租住廉租房；6. 借住亲友家；7. 自购房；8. 其他

C5 请问和您住在一起的有____人，他们是：（可多选）1. 妻子；2. 同居伴侣；3. 子女；4. 父母；5. 同乡；6. 同事；7. 非同乡非同事的合租伙伴

C6 请问您的居住面积____平方米

C7 请问您现在的居室结构：____室____厅____厨____卫

C8 请问您居住的地方周围本地市民多吗：1. 几乎全是；2. 多于一半；3. 大概一半；4. 少于一半；5. 几乎没有

C9 请问您和居住地方周围的本地居民交往情况如何：1. 经常交往；2. 偶尔交往；3. 很少交往；4. 从不交往

C10 请问您到西安后搬过几次家：____次（没有搬过的请填写 0 次，并跳过 C11）

C11 请问您上次搬家的原因：1. 工作地点更换；2. 房租不合适；3. 周边环境不好；4. 增加同住人（如妻子、孩子、男女朋友等）；5. 小孩

上学；6. 房东收回；7. 拆迁改造；8. 购买新住房；9. 其他

C12 请对您目前居住情况的以下方面进行评价：

	非常满意（非常适应）	满意（适应）	一般	不满意（不适应）	非常不满意（非常不适应）
C121 居住场所周边卫生环境					
C122 居住环境的安全性					
C123 居住地生活便利性					
C124 居住地在城市中的区位					
C125 房子的大小					
C126 房子的配套设施					
C127 房租（租房者填写）					
C128 交通便利性					
C129 与工作地点的距离					
C1210 与同住人的关系					

（四）公共空间

D1 请问您去以下这些地方的情况：

	D11 去这些地方的频率如何：1. 经常；2. 偶尔；3. 从不	D12 一般和谁同去：（可多选）1. 配偶（或情侣）；2. 孩子；3. 亲戚（外来人口）；4. 亲戚（市民）；5. 老乡；6. 外来人口同事；7. 市民同事；8. 外来人口朋友；9. 市民朋友；10. 其他
公共图书馆		
书店（图书市场）		
博物馆		

续表

	D11 去这些地方的频率如何：1. 经常；2. 偶尔；3. 从不	D12 一般和谁同去：（可多选）1. 配偶（或情侣）；2. 孩子；3. 亲戚（外来人口）；4. 亲戚（市民）；5. 老乡；6. 外来人口同事；7. 市民同事；8. 外来人口朋友；9. 市民朋友；10. 其他
音乐厅、美术馆		
体育馆		
儿童、青少年活动中心		
公园、动（植）物园		
电影院		
咖啡馆、茶馆、酒吧		
网吧		

D2 请问您买衣服最常去哪里_____（写出地址和店名）

D3 请问那里买衣服的外来人口多吗：1. 几乎全是；2. 多于一半；3. 大概一半；4. 少于一半；5. 几乎没有；6. 不清楚

D4 请问您购买日常用品（如肥皂、牙刷、纸品等）一般去哪里：1. 大超市；2. 居住附近商店（或小超市）；3. 批发市场；4. 其他

D5 请问在那里买日用品的外来人口多吗：1. 几乎全是；2. 多于一半；3. 大概一半；4. 少于一半；5. 几乎没有；6. 不清楚

（五）社会关系

E1 您愿意与本地人交往吗：1. 很愿意；2. 比较愿意；3. 一般；4. 不愿意；5. 很不愿意

E2 您与本地人交往障碍是什么：（可多选）1. 语言问题；2. 观念不同；3. 生活习惯不同；4. 地位差异；5. 本地人看不起外地人；6. 没有困难；7. 没有交往的机会；8. 其他

E3 请问您有几个市民朋友：_____个

E4 请问您和本地居民的关系都有以下哪些类型：（可多选）1. 他是我的上司；2. 他是我的下属；3. 他是我的平级同事；4. 他是我的顾客；

5. 他是我的房东；6. 他是我的雇主；7. 他是我工作中的合作伙伴；8. 他是我去办事的有关部门的职员或领导；9. 他是我的亲戚；10. 他是我的朋友；11. 他是我的配偶；12. 他是我的家人；13. 他是我的陌生邻居（无交往）；14. 他是我的熟悉邻居（有交往）；15. 其他

E5 您将来愿意定居在哪里：1. 农村；2. 老家县城（镇）；3. 打工城市；4. 其他城市

E6 您觉得自己是哪里人：1. 老家人；2. 西安人；3. 半个西安人；4. 哪里人都不是；5. 说不清楚；6. 其他

E7 您觉得怎样才算西安人：（最多选三项）1. 有当地户口；2. 在城里有住房；3. 有稳定的工作；4. 有较高的收入；5. 子女在这里有上学机会；6. 有养老医疗保障；7. 有本地朋友；8. 长时间生活在西安；9. 生活习惯接近城里人；10. 会说本地话；11. 其他

E8 请列出您在这里关系最好的三个朋友的情况：

	E81 他的身份：1. 外来人口；2. 本地市民	E82 他的职业：填写格式 工作岗位＋工作职责或工作内容 如：××商场营业员或××公司业务员	E83 他的单位性质：1. 国有企业；2. 集体企业；3. 私营企业；4. 外资或合资企业；5. 个体户；6. 党政、事业单位；7. 其他	E84 您觉得他在这个城市处于：1. 上层；2. 中上层；3. 中层；4. 中下层；5. 下层
第 1 个				
第 2 个				
第 3 个				

E9 请您对您和本地人的关系进行评价：（在相应的方框内打“√”）

	非常愿意	愿意	一般	不愿意	非常不愿意
E91 您愿意和本地人一起工作吗					
E92 您愿意和本地人同住一个社区吗					
E93 您愿意和本地人做邻居吗					

续表

	非常愿意	愿意	一般	不愿意	非常不愿意
E94 您愿意和本地人做朋友吗					
E95 您愿意到本地人家里去做客吗					
E96 您愿意让自己的子女与本地人谈恋爱或结婚吗					

E10 您觉得本地人能接受与您的如下关系吗?

	非常愿意	愿意	一般	不愿意	非常不愿意
E101 您觉得本地人愿意和您一起工作吗					
E102 您觉得本地人愿意和您同住一个社区吗					
E103 您得本地人愿意和您做邻居吗					
E104 您觉得本地人愿意和您做朋友吗					
E105 您觉得本地人愿意让您到他家里去做客吗					
E106 您觉得本地人是否愿意让他的子女和您谈恋爱或结婚吗					

非常感谢您帮助我们完成这次调查!

附录 2：空间隔离与外来人口城市融入（市民问卷）

总编号：　　　　　　　　　　　访员姓名：

外地来西安工作人员调查问卷（市民卷）

亲爱的朋友：

为了了解您的工作与生活状况、进行学术研究并向政府有关部门提出改进性的政策建议，我们通过这份问卷进行调查。调查不涉及个人隐私，对问题的回答也无所谓对错，所有资料只进行统计汇总。同时，我们将对您的个人资料予以保密，请您不必担心。

谢谢您对我们的支持和协助！

西北农林科技大学人文学院

2012 年 7 月

调查员填写：

调查地点：西安市_____区_____路（或写明详细位置）

询问：农村户口还是城市户口，外地户口还是西安户口。如果是外地农村户口则填写外来人口问卷，如果是西安城市户口则填写市民问卷。

（一）个人基本情况

A1 请问您是哪一年出生的：_____年

A2 性别：1. 女；2. 男

A3 您的受教育程度：1. 小学及以下；2. 初中；3. 高中（中专、技校）；4. 大专；5. 本科及以上

A4 婚姻状况：1. 未婚；2. 已婚；3. 离异；4. 丧偶

A5 您现在的政治面貌是：1. 中共党员；2. 共青团员；3. 民主党派；4. 群众

A6 请问您的户口是：1. 出生就在西安；2. 省内迁入；3. 省外迁入（回答 1 的跳到 A10）

A7 请问您的户口是哪一年迁入西安的：_____年

A8 请问您户口迁入西安是因为下列哪个原因：1. 毕业分配或毕业找工作迁入；2. 工作调动或工作变换迁入；3. 结婚迁入；4. 投靠亲友；5. 经商投资；6. 其他

A9 请问您是哪一年到西安的：_____年

A10 您觉得自己是西安人吗：1. 是；2. 不是；3. 不好说

（二）职业方面

B1 您现在或退休以前的职业（工作部门 + 工作岗位或工作内容，如××商场营业员、××单位处长、××公司工程师等）

B2 您现在或退休以前所在单位的性质：1. 国有企业；2. 集体企业；3. 私营企业；4. 外资或合资企业；5. 个体户；6. 党政机关；7. 事业单位；8. 其他

B3 请问您现在的工作环境：1. 工地；2. 除工地的户外；3. 车间；4. 室内营业场所；5. 办公室；6. 家里；7. 其他

B4 请问您的上班地点：_____区_____路_____附近（标志性建筑）

B5 请问您现在上班的主要或常用通勤方式：1. 不需要通勤（住在单位或店里）；2. 步行；3. 自行车；4. 电动车或摩托车；5. 公交车；6. 地铁；7. 自驾车；8. 公司或单位班车；9. 出租车；10. 搭乘别人的私家车；11. 其他

B6 请问您上班路上所需要花费的时间_____

B7 请问您是如何找到这份工作：（注：个体经营者不需填答此题）1. 接班顶替；2. 家人亲朋直接安排；3. 亲友介绍后自己应聘；4. 公务员、事业单位招考；5. 通过人才市场或劳务市场；6. 看到招聘广告后应聘；7. 其他

B8 在您的工作单位，有多少是外来务工人员：1. 几乎全是；2. 多于一半；3. 大概一半；4. 少于一半；5. 几乎没有

B9 您和他们的交往情况如何：1. 经常交往；2. 偶尔交往；3. 很少交往；4. 从不交往

B10 您在工作中是否需要和本单位以外的外来务工人员打交道：1. 需要；2. 不需要

B11 您和本单位以外的外来务工人员交往情况如何：1. 经常交往；2. 偶尔交往；3. 很少交往；4. 从不交往

B12 您和本地居民的交往内容都有哪些：（可多选）1. 工作上的事；2. 非情感的私人事件；3. 情感方面的事；4. 纠纷和摩擦；5. 其他

B13 请问您 2012 年以来的月收入：_____元/月（共同经营的填总收入

的一半）

B14 请对您现在的工作进行评价：

	非常满意（非常适应）	满意（适应）	一般	不满意（不适应）	非常不满意（非常不适应）
B141 所处的行业					
B142 工作环境					
B143 工作地点					
B144 规章制度					
B145 劳动强度					
B146 工作时间					
B147 工资收入					
B148 假期					
B149 工作中与外来人口的关系					
B1410 交通便利程度					

B15 请问您换过几次工作:＿＿次（个体经营者换一次经营场所或换一次行业均算换工作，没换过的请填 0，跳过 B16）

B16 请问您最近一次换工作的原因：1. 获得更好的收入；2. 寻求更好的发展空间；3. 工作地点不合适；4. 公司或单位人际关系原因；5. 被公司或单位辞退；6. 公司或单位倒闭破产；7. 拆迁；8. 租金太高；9. 其他

（三）居住空间

C1 请问您现在住在哪里:＿＿区＿＿街道＿＿小区

C2 请问您住的社区属于：1. 棚户区；2. 未经改造的老城区；3. 工矿企业单位社区；4. 机关事业单位社区；5. 经济适用房小区；6. 普通商品房小区；7. 未经改造的城中村；8. 城中村改造小区；9. 未经改造的城郊村；10. 高档商品房/高级住宅区/别墅区；11. 其他

C3 请问您的住房属于：1. 自购商品房；2. 自购经济适用房；3. 购买单位房；4. 免费单位房；5. 租住单位房；6. 租住私人房子；7. 廉租房；8. 借住亲友家；9. 自建房

C4 请问和您住在一起的有____人，他们是：（可多选）1. 妻子；2. 同居伴侣；3. 子女；4. 父母；5. 同乡；6. 同事；7. 非同乡非同事的合租伙伴

C5 请问您的居住面积____平方米

C6 请问您现在的居室结构：____室____厅____厨____卫

C7 请问您居住的地方周围外来务工人员多吗：1. 几乎全是；2. 多于一半；3. 大概一半；4. 少于一半；5. 几乎没有

C8 请问您和他们的交往情况如何：1. 经常交往；2. 偶尔交往；3. 很少交往；4. 从不交往

C9 请问您在西安换过几次住房（或搬过几次家）：____次（没换过的请填 0 次）

C10 请问您最近一次换房或搬家的原因：1. 工作地点更换；2. 房租不合适；3. 周边环境不好；4. 增加同住人（如妻子、孩子、父母、男女朋友等）；5. 小孩上学；6. 房东收回；7. 拆迁改造；8. 购买新房；9. 其他（请写出）____

C11 请对你居住的以下方面进行评价：

	非常满意（非常适应）	满意（适应）	一般	不满意（不适应）	非常不满意（非常不适应）
C111 居住场所周边卫生环境					
C112 安全性					
C113 生活便利性					
C114 住所在城市中的位置					
C115 房子的大小					
C116 房子的配套设施					

续表

	非常满意（非常适应）	满意（适应）	一般	不满意（不适应）	非常不满意（非常不适应）
C117 房租（租房者填写）					
C118 交通便利性					
C119 与工作地点的距离					
C1110 同住人的关系					

（四）公共空间

D1 请问您买衣服最常去哪里（写出地址和店名）：_____

D2 请问那里买衣服的外来人口多吗：1. 几乎全是；2. 多于一半；3. 大概一半；4. 少于一半；5. 几乎没有；6. 不清楚

D3 请问您购买日常用品（如肥皂、牙刷、纸品等）一般去哪里：1. 大超市；2. 居住附近商店（或小超市）；3. 批发市场；4. 其他

D4 请问在那里买日用品的外来人口多吗：1. 几乎全是；2. 多于一半；3. 大概一半；4. 少于一半；5. 几乎没有；6. 不清楚

D5 请问您去以下场所的情况：

	D51 去这些地方的频率如何：1. 经常；2. 偶尔；3. 从不	D52 一般和谁同去：（可多选）1. 配偶（或情侣）；2. 孩子；3. 亲戚（外来人口）；4. 亲戚（市民）；5. 老乡；6. 外来人口同事；7. 市民同事；8. 外来人口朋友；9. 市民朋友；10. 其他
公共图书馆		
书店		
博物馆		
艺术馆（音乐厅、美术馆）		
体育馆		

续表

	D51 去这些地方的频率如何：1. 经常；2. 偶尔；3. 从不	D52 一般和谁同去：（可多选）1. 配偶（或情侣）；2. 孩子；3. 亲戚（外来人口）；4. 亲戚（市民）；5. 老乡；6. 外来人口同事；7. 市民同事；8. 外来人口朋友；9. 市民朋友；10. 其他
儿童、青少年活动中心		
公园、动（植）物园		
电影院		
咖啡馆、茶馆、酒吧		
网吧		

（五）社会交往

E1 请问您有外来务工人员朋友吗：1. 有；2. 没有（选“没有”请跳过 E2 题）

E2 请说出您的外来务工人员朋友的情况：

	E21 性别：1. 男；2. 女	E22 年龄	E23 认识途径：1. 他是我的亲戚；2. 亲戚介绍；3. 他是我的老乡；4. 老乡介绍；5. 他是我的同学；6. 同学介绍；7. 在工作时认识；8. 他为我服务时认识；9. 社区里认识；10. 文化娱乐场所认识；11. 租房认识；12. 其他	E24 交往频率：1. 经常交往；2. 偶尔交往；3. 很少交往	E25 您觉得他在这个城市处于：1. 上层；2. 中上层；3. 中层；4. 中下层；5. 下层
朋友 1					
朋友 2					
朋友 3					

E3 你愿意与外来务工人员交往吗：1. 非常愿意；2. 比较愿意；3. 一般；4. 不愿意；5. 非常不愿意

E4 请问您在和外来务工人员交往的过程中发生过不愉快或摩擦吗：1. 发生过；2. 没发生过（选“没发生过”跳过 E5 题）

E5 请问您与外来务工人员发生不愉快有哪些形式：1. 口角或争执；2. 吵架；3. 推搡；4. 动手打架

E6 请问您能接受您和外来务工人员的如下关系吗：

	非常愿意	愿意	一般	不愿意	非常不愿意
E61 您愿意和外来务工人员一起工作吗					
E62 您愿意外来务工人员租住在您所住的社区吗					
E63 您愿意和外来务工人员成为邻居吗					
E64 您愿意和外来务工人员成为朋友吗					
E65 您愿意邀请外来务工人员到您家做客吗					
E66 您愿意您的子女与外来务工人员谈恋爱或结婚吗					

E7 您觉得外来务工人员能接受与您的如下关系吗：

	非常愿意	愿意	一般	不愿意	非常不愿意
E71 您觉得外来务工人员愿意和您一起工作吗					
E72 您觉得外来务工人员愿意租住在您所居住的社区吗					

续表

	非常愿意	愿意	一般	不愿意	非常不愿意
E73 您觉得外来务工人员愿意成为您的邻居吗					
E74 您觉得外来务工人员愿意成为您的朋友吗					
E75 您觉得外业务工人员愿意到您家做客吗					
E76 您觉得外来务工人员愿意和您的子女谈恋爱或结婚吗					

E8 请问您和外来务工人员的关系有以下哪些：（可多选）1. 他是我的上司；2. 他是我的下属；3. 他是我的平级同事；4. 他是我的顾客；5. 他是我的房客；6. 他是我工作中的合作伙伴；7. 他是管理或服务对象；8. 他曾接受过我的雇用；9. 他曾为我提供服务；10. 他是我的亲戚；11. 他是我的朋友；12. 他是我的配偶；13. 他是我的家人；14. 他是我的亲戚；15. 他是我的陌生邻居（无交往）；16. 他是我的熟悉邻居（有交往）；17. 其他（请写出）_____

非常感谢您帮助我们完成这次调查！

附录 3：新中国成立后中国人口迁移流动政策文件及主要内容

1. 1951 年，公安部颁布《城市户口管理暂行条例》，对于迁移的规定是：凡迁入者，须于到达住地三日内，向当地公安派出所申报入户。有迁移证者，应呈缴迁移证；无迁移证者，应补交其他适当证件。

2. 1953 年 4 月 17 日，政务院发出《关于劝止农民盲目流入城市的指示》，规定：未经劳动部门许可和介绍，不得在农村招收工人，要求各级政府劝止农民自行进城找工作，动员滞留在城市的无业农民回乡。

3. 1953 年 10 月，国家为了保证粮食供给，通过了《中共中央关于粮食统购统销的决议》，开始对粮食实行统购统销政策，规定“所有收购量和供应量、收购标准和供应标准、收购价格和供应价格等，都必须由中央统一规定或经中央批准”。后来又接连推出《关于在全国实行计划收购油料的决定》、《关于实行棉布计划收购和计划供应的命令》和《关于棉花计划收购的命令》，粮棉油最基本的农产品都实现了统购统销。

4. 1954 年 3 月，内务部和劳动部发出《关于继续贯彻劝止农民盲目流入城市的指示》，重申限制农业剩余劳动力向城市转移的禁令。

5. 1955 年 11 月，国务院颁发《关于城乡划分标准的规定》，确定“农业人口”和“非农业人口”作为人口统计指标。中国的户籍人口由此分离。

6. 1956 年 12 月，国务院发布《关于防止农村人口盲目外流的指示》。

7. 1957 年 3 月，国务院发布《关于防止农民盲目流入城市的补充指示》。

8. 1958 年 1 月，全国人民代表大会常务委员会第 91 次会议通过《中华人民共和国户口登记条例》。其中规定，“公民由农村迁往城市，必须持有劳动部门的录用证明，学校的录取证明，或者城市户口登记机关的准予迁入的证明，向常住地户口登记机关申请办理迁出手续”。将全国人口分为“农业户口”和“非农业户口”。

9. 1959 年 2 月 4 日，中共中央发出《关于制止农村劳动力流动的通知》。规定：不得再招用流入城市的农民；已经使用的，应即进行一次清理，已有固定工作确实不能离开的，必须补定包括企业、人民公社和劳动者本人三方面同意的劳动合同。其余的，应在做好政治思想工作以后，一律遣送回乡。

10. 1959 年 3 月，中共中央和国务院联合发布《关于制止农村劳动力盲目外流的紧急通知》。

11. 1962 年 9 月 27 日，中共中央八届十中全会通过的《人民公社工作条例（修正草案）》规定，农村非农就业人数不得超过农村劳动力就业总量的 5%。

12. 1962 年 12 月，公安部三局《关于加强户口管理工作的意见》指出：“对农村迁往城市的，必须严格控制；城市迁往农村的，应一律准予落户。”限制农村人口向城市的流动。

13. 1964 年 8 月，国务院批转《公安部关于处理户口迁移的规定（草案）》中明确提出：由高一级城市转入低一级的不加限制，除了特殊情况，由农村迁往城市、集镇，由小城市迁往大、中城市的要严格限制。

14. 1975 年，宪法取消了迁徙自由的有关条款。

15. 1977 年 1 月，国务院批转《公安部关于处理户口迁移的规定》，指出户口迁移的原则：由农村迁往市、镇，农业转为非农业户口，由其他城市迁往北京、上海、天津的要严加控制。依然限制了农村人口向城市的迁移。

16. 1979 年 3 月，国务院批转国家计划委员会《关于清理压缩计划外用工的办法》主要清理全民所有制单位在国家劳动计划以外使用的农村劳动力，结合企业事业的整顿，把压缩下来的计划外用工，动员回农村参加农业生产劳动。

17. 1980 年，中共中央国务院《关于进一步做好城镇劳动就业工作的意见》强调，“要控制农业人口盲目流入大中城市”，“要压缩、清退来自农村的计划外用工”。

18. 1981 年，中共中央、国务院《关于广开门路，搞活经济，解决城镇就业的若干决定》强调，“要严格控制使用农村劳动力，继续清退来自农村的计划外用工”。

19. 1981 年 12 月，国务院发布《关于严格控制农村劳动力进城做工和农业人口转为非农业人口的通知》，要求严格控制从农村招工，对于已经招收的要清理辞退，对农村多余劳动力通过就地办集体性质的工副业进行安置。对农村剩余劳动力的处理思路是“离土不离乡”。

20. 1983 年 1 月，中共中央政治局讨论通过的《当前农村经济政策的若干问题》提出，在农村“适应商品生产的需要，发展多种多样的合作经济”，发展个体商业和服务业。鼓励和支持农民的非农就业。

21. 1984 年 1 月，中共中央《关于 1984 年农村工作的通知》（“一号文件”）允许务工、经商、办服务业的农民自理口粮到集镇落户。

22. 1984 年 10 月，国务院发出《关于农民进入集镇落户问题的通知》，要求各级人民政府积极支持有经营能力和有技术专长的农民进入集镇经营工商业，有固定场所、有经营能力，或长期在城市务工的，公安部门应准予其落常住户口，统计为非农业人口。

23. 1985 年 1 月，中共中央国务院《关于进一步活跃农村经济的十项政策》允许农民进城开店设坊，兴办服务业，提供各种劳务，城市要在用地和服务设施方面提供便利条件。

24. 1985 年 7 月，公安部颁布《关于城镇暂住人口管理的暂行规定》，对农村进入城市的人口实行管理：对暂住时间拟超过三个月的十六周岁以上的人，须申领《暂住证》。对外来开店、办厂，从事建筑安装、联营运输、服务行业的暂住时间较长的人，采取雇用单位和常住户口所在地主管部门管理相结合的办法，按照户口登记机关的规定登记造册，由所在地公安派出所登记为寄住户口，发给《寄住证》。

25. 1989 年 3 月，国务院办公厅发出了《关于严格控制民工外出的紧急通知》，要求各地人民政府采取有效措施，严格控制当地民工外出。

26. 1989 年 4 月，民政部、公安部又发出了《关于进一步做好控制民工盲目外流的通知》，要求各地人民政府采取有效措施，严格控制当地民工盲目外流。

27. 1989 年 10 月，国务院发布《关于严格控制“农转非”过快增长的通知》。

28. 1990 年 4 月，国务院《关于做好劳动就业工作的通知》规定，要求“合理控制农村劳动力的转移，减轻城镇就业负担”。

29. 1991 年 2 月，国务院办公厅《关于劝阻民工盲目去广东的通知》还要求，各地人民政府要从严或暂停办理民工外出务工手续。

30. 1991 年，国务院发布《全民所有制企业招用农民合同制工人的规定》规定：“企业招用农民工必须在国家下达的劳动工资计划之内，用于国务院劳动行政主管部门确定的需要从农村中招用劳动力的生产岗位和工种。矿山企业招用农民工须报经省、自治区、直辖市人民政府或其授权的设区的市或相当于设区的市一级人民政府批准，其他企业招用农民工须报经省、自治区、直辖市人民政府批准。”

31. 1994 年 11 月，劳动部《关于农村劳动力跨省流动就业的暂行规定》声明：被用人单位跨省招收的农村劳动者须办理外出人员就业登记卡。

32. 1995 年，中共中央办公厅、国务院办公厅《关于加强流动人口管理工作的意见》提出了四点要求：促进农村剩余劳动力就地就近转移；提高流动的组织化、有序化程度；实行统一的流动人口就业证和暂住证制度；整顿劳动市场。

33. 1997 年 6 月，国务院转批公安部《关于小城镇户籍管理制度改革试点方案》提出，应当适时进行户籍制度改革，允许已经在小城镇就业、居住并符合一定条件的农村人口在小城镇办理城镇常住户口。

34. 1997 年 11 月，国务院办公厅转发劳动部等部门《关于进一步做好组织民工有序流动工作的意见》，提出要“鼓励和引导农村剩余劳动力就地就近转移”，“加强劳动力市场建设，把民工流动的管理服务工作纳入经常化、制度化轨道”。

35. 1998 年 10 月，中共中央《关于农业和农村工作若干重大问题的决定》强调了要适应城镇和发达地区的客观需要，引导农村劳动力合理有序流动。

36. 1998 年 7 月，国务院转批公安部《关于解决当前户口管理工作中几个突出问题意见的通知》规定：实行婴儿落户随父随母自愿的政策，降低了夫妻分居户口、父母投靠子女和配偶迁移户口的难度，要做好在城市投资、兴办实业、购买商品房的公民及随其共同居住的直系亲属在城市落户的试点工作。

37. 2000 年 1 月，劳动和社会保障部办公厅发出《关于做好农村富余劳动力就业工作的意见》提出，对农村富余劳动力转移要实行分类指导、突出重点，建立流动就业信息预测预报制度，提高流动就业农村劳动力职业技能；加强区域劳务协作；保障流动就业农村劳动力合法权益；规范乡镇劳动就业服务工作。

38. 2000 年 6 月，中共中央、国务院《关于促进小城镇健康发展的若干意见》指出，凡在县级市市区，县人民政府驻地镇及县以下小城镇有合法固定住所、稳定职业或生活来源的农民，均可根据本人意愿转为城镇户口，并在子女入学、参军、就业等方面与城镇居民同等待遇。对在小城镇落户的农民，各地区、各部门不得收取城镇增容费或其他类似费用，要积极探索适合小城镇特点的社会保障制度。

39. 2000 年 7 月，劳动保障部等部委和国务院发展研究中心发出了

《关于进一步开展农村劳动力开发就业试点工作的通知》提出，在试点区，实行统筹就业，建立城乡统一的劳动力市场和就业及管理制度；在外出务工人员规模大的地区，实行转移就业培训；加强西部农村劳动力开发就业工作；扶持和鼓励返乡创业。

40. 2001 年 10 月，国家计委和财政部《关于全面清理整顿外出或外来务工人员收费的通知》规定，“暂住费、暂住（流动）人口管理费、计划生育管理费、城市增容费、劳动力调节费、外地务工经商人员管理服务费、外地（外省）建筑（施工）企业管理费等行政事业性收费一律取消”。

41. 2002 年 1 月，中共中央、国务院《关于做好 2002 年农业和农村工作的意见》提出了针对农民进城务工的“十六字”方针：“对农民进城务工要公平对待、合理引导、完善管理、搞好服务，组织和引导农村富余劳动力有序流动，维护农民工的合法权益，促进农村富余劳动力向非农产业转移。”

42. 2003 年 1 月，国务院办公厅《关于做好农民进城务工就业管理和服务工作的通知》提出：取消对农民进城务工就业的不合理限制，切实解决拖欠和克扣农民工工资问题，改善农民工的生产生活条件，做好农民工培训工作，多渠道安排农民工子女就学，加强对农民工的管理。

43. 2003 年 9 月，国务院办公厅转发农业部、劳动保障部等六部门《2003—2010 年全国农民工培训规划》，制定了农民工培训目标和任务。

44. 2003 年 9 月，国务院办公厅转发教育部、公安部等部门《关于进一步做好进城务工就业农民子女义务教育工作意见的通知》，要求“农民工子女上学以注入地公办中小学为主”，设立“民工学校”的条件应该放宽，流入地政府要取消流动儿童的借读费、赞助费。

45. 2003 年 12 月，财政部、劳动保障部、公安部、教育部、人口计生委发布《关于将农民工管理等有关经费纳入财政预算支出范围有关问题的通知》，提出建立农民工管理和服务工作的经费保障机制；改革警力配置方式，推进流动人口社会化管理；逐步推进农民工就业管理服务工作；提供方便、快捷的计划生育服务；保障农民工子女享受义务教育的权利。

46. 2004 年 2 月，中共中央、国务院《关于促进农民增收若干政策的意见》，提出“进城就业的农民工已经成为产业工人的重要组成部分”，要求“保障进城就业农民的各项权益，推进大中城市户籍改革制度，放宽农民进城就业和定居的条件”。

47. 2004 年 6 月，劳动和社会保障部《关于农民工参加工伤保险有关问题的通知》中强调：“农民工参加工伤保险、依法享受工伤保险待遇是《工伤保险条例》赋予包括农民工在内的各类用人单位职工的基本权益，各类用人单位招用的农民工均有享受工伤保险待遇的权利。”

48. 2004 年 9 月，劳动和社会保障部以及建设部发布《建设领域农民工工资支付管理暂行办法》，指出企业应将工资直接发放给农民工本人，严禁发放给“包工头”或其他不具备用工主体资格的组织和个人。

49. 2004 年 12 月，国务院办公厅发出《关于进一步做好改善农民进城就业环境工作的通知》，通知中指出“要推进大中城市户籍制度改革，放宽农民进城就业和落户的条件。要研究进城就业农民的住房问题”，组织农民劳务输出，为农民进城提供咨询、培训、职业介绍服务，进一步健全城乡劳动力市场，保护农民工的各项合法权益等。

50. 2006 年 3 月，国务院发布《国务院关于解决农民工问题的若干意见》，指出“农民工已成为产业工人的重要组成部分”，建立农民工工资支付保障制度，合理确定和提高农民工工资水平，严格执行劳动合同制度。依法保障农民工职业安全卫生权益。积极稳妥地解决农民工社会保障问题，为农民工提供相关公共服务，健全维护农民工权益的保障机制，促进农村劳动力就地就近转移就业等。

51. 2007 年 4 月，劳动和社会保障部《关于印发国务院农民工工作联席会议 2007 年工作要点的通知》提出了“农民工最低工资、完善就业服务和培训制度、建立健全覆盖城乡的公共就业服务体系和职业技能培训体系、针对农民工特点完善社会保障制度”等十个方面的工作重点。

52. 2007 年 12 月，中共中央、国务院发布《关于切实加强农业基础建设进一步促进农业发展农民增收的若干意见》指出，要“加强农民工权益保障”，在户籍制度改革、农民工就业、农民工社会保障、农民工住房、农民工子女教育等方面保障农民工权益。

53. 2008 年 12 月，国务院办公厅发布《国务院办公厅关于切实做好当前农民工工作的通知》采取多种措施促进农民工就业：加强农民工技能培训和职业教育；大力支持农民工返乡创业和投身新农村建设；确保农民工工资按时足额发放；做好农民工社会保障和公共服务；切实保障返乡农民工土地承包权益。

54. 2010 年 1 月，国务院办公厅发布《关于进一步做好农民工培训工作的指导意见》，提出“逐步建立统一的农民工培训项目和资金统筹管理体制，使培训总量、培训结构与经济社会发展和农村劳动力转移就业相适应；到 2015 年，力争使有培训需求的农民工都得到一次以上的技能培训，掌握一项适应就业需要的实用技能”。

55. 2010 年 6 月，住房和城乡建设部等七部门发布《关于加快发展公共租赁住房的指导意见》，指出“有条件的地区，可以将新就业职工和有稳定职业并在城市居住一定年限的外来务工人员纳入供应范围”，“在外来务工人员集中的开发区和工业园区，市、县人民政府应当按照集约用地的原则，统筹规划，引导各类投资主体建设公共租赁住房，面向用工单位或园区就业人员出租”。

56. 2010 年 10 月，中华人民共和国第十一届全国人民代表大会常务委员会第十七次会议通过了《中华人民共和国社会保险法》，指出“进城务工的农村居民依照本法规定参加社会保险”。

57. 2012 年 8 月，国务院办公厅转发教育部等四部委《关于做好进城务工人员随迁子女接受义务教育后在当地参加升学考试工作的意见》，要求各省、自治区、直辖市有关随迁子女升学考试的方案原则上应于 2012 年底出台。

参考文献

《西安市房管局统建住宅有力地促进了旧城的改造》，《住宅科技》1981 年第 4 期。

《中国大百科全书·经济学Ⅱ》，中国大百科全书出版社 1992 年版。

曹放：《西安城市化进程中的“城中村”问题研究》，硕士学位论文，西安建筑科技大学，2008 年。

陈杰：《中国住房事业六十年》（www. qstheory. cn/sh/msjs/201203/t20120330_ 148826. htm）。

程丽辉、王兴中：《西安社会收入空间的研究》，《地理科学》2004 年第 1 期。

邓楠：《1990 年代以来广州城市空间拓展动力机制研究》，硕士学位论文，华中科技大学，2006 年。

段成荣、王莹：《流动人口的居住问题》，《北京行政学院学报》2006 年第 6 期。

风笑天：《“落地生根”？——三峡农村移民的社会适应》，《社会学研究》2004 年第 5 期。

冯健、周一星：《1990 年代北京市人口空间分布的最新变化》，《城市规划》2003 年第 5 期。

嘎日达、黄匡时：《西方社会整合概念探析及其启发》，《理论视野》2008 年第 1 期。

甘满堂、王岩：《农民工居住边缘化与空间隔离——从城中村到城郊村》，《福建论坛》2008 年第 1 期。

葛剑雄、曹树基、吴松弟：《简明中国移民史》，福建人民出版社 1993 年版。

顾朝林等：《中国城市地理》，商务印书馆 2004 年版。

关信平、刘建娥：《我国农民工社区融入的问题与政策研究》，《人口与经济》2009 年第 3 期。

郭星华、储卉娟：《从乡村到都市：融入与隔离——关于民工与城市居民社会距离的实证研究》，《江海学刊》2004 年第 3 期。

国家统计局住户调查办公室：《新生代农民工的数量、结构和特点》，中华人民共和国国家统计局网站。

何雪松：《社会理论的空间转向》，《社会》2006 年第 2 期。

黄荣清：《1980 年代以来北京市城市化过程中人口分布的变化》，《人口研究》2005 年第 5 期。

黄怡：《城市社会分层与居住隔离》，同济大学出版社 2006 年版。

江立华、胡杰成：《社会排斥与农民工地位的边缘化》，《华中科技大学学报》2006 年第 6 期。

江立华、谷玉良：《居住空间类型与农民工的城市融合途径——基于空间视角的探讨》，《社会科学研究》2013 年第 6 期。

景晓芬、马凤鸣：《代际差异视角下的农民工城市适应——基于重庆和珠三角地区的调查》，《南方人口》2012 年第 3 期。

雷敏、张子珩等：《流动人口居住状态与社会融合》，《南京人口管理干部学院学报》2007 年第 4 期。

黎熙元、陈福平：《社区辩论：转型期中国城市社区形态的转变》，《社会学研究》2008 年第 2 期。

李德英：《城市公共空间与城市社会生活——以近代城市公园为例》，湖北赤婆：“经济发展与社会变迁国际学术研讨会”论文，2000 年。

李华：《美国的居住隔离》，《城市问题》2002 年第 5 期。

李健、宁越敏：《西方城市社会地理学主要理论及研究的意义——基于空间思想的分析》，《城市问题》2006 年第 6 期。

李俊莉等：《西安市人口的分布变动研究》，《人文地理》2005 年第 1 期。

李路路、李汉林：《中国的单位组织——资源、权力与交换》，浙江人民出版社 2000 年版。

李培林、张翼：《消费分层：启动经济的一个重要视点》，《中国社会科学》2000 年第 1 期。

李强、李洋：《居住分异与社会距离》，《北京社会科学》2010 年第 1 期。

李强：《城市农民工与城市中的非正规就业》，《社会学研究》2012 年第 6 期。

李志刚、刘晔：《中国城市“新移民”社会网络与空间分异》，《地理学报》2011 年第 6 期。

李志刚：《当代我国大都市的社会空间分异——对上海三个社区的实证研究》，《城市规划》2004 年第 6 期。

林顺利、李建立等：《社会空间视角下的城市贫困——基于保定市北市区的实地调查》，《社会工作》2010 年第 10 期下。

刘传江、程建林：《我国农民工的代际差异与市民化》，《经济纵横》2007 年第 4 期。

刘传江、周玲：《社会资本与农民工的城市融合》，《人口研究》2004 年第 5 期。

刘旺、张文忠：《国外城市居住空间研究的回顾与展望》，《人文地理》2004 年第 6 期。

刘耀斌等：《武汉市人口分布的空间格局变动》，《现代城市研究》2004 年第 2 期。

刘艳军、李诚固：《长春市城市空间结构演化机制及调控路径》，《现代城市研究》2008 年第 6 期。

刘玉亭：《转型期中国城市贫困的社会空间》，科学出版社 2005 年版。

卢国显：《农民工：社会距离与制度分析》，社会科学文献出版社 2010 年版。

卢国显：《空间隔离与集中化生存方式：城市农民工与市民的社会距离研究》，《甘肃行政学院学报》2011 年第 3 期。

陆学艺：《当代中国社会流动》，社会科学文献出版社 2004 年版。

马仁锋等：《城市社会空间结构模型研究的评述》，《云南地理环境研究》2008 年第 3 期。

马西恒：《敦睦他者：中国城市新移民社会融合形态的探索性研

究——对上海市Y社区的个案考察》,《学海》2008年第2期。

宁欣:《唐代长安流动人口中的选举群体——唐代长安流动人口试析之一》,《中国经济史研究》1998年第1期。

牛俊晴、吕园等:《城市规划视角下西安市主城区住宅空间结构演变研究》,《人文地理》2011年第4期。

潘泽泉:《中国城市流动人口的发展困境与社会风险》,《战略与管理》2004年第1期。

潘泽泉:《社会空间的极化与隔离:一项有关城市空间消费的社会学分析》,《社会科学》2007年第1期。

渠敬东:《生活世界中的关系强度——农村外来人口的生活轨迹》,载柯兰君《都市里的村民:中国大城市的流动人口》,中央编译出版社2001年版。

唐晓峰:《君权演替与汉长安城文化景观》,《城市与区域规划研究》2011年第3期。

唐子来:《西方城市空间结构研究的理论和方法》,《城市规划汇刊》1997年第6期。

田凯:《关于农民工的城市适应性的调查分析与思考》,《社会科学研究》1995年第5期。

童星、马西恒:《"敦睦他者"与"化整为零"——城市新移民的社区融合》,《社会科学研究》2008年第1期。

王春光:《农村流动人口的"半城市化"问题研究》,《社会学研究》2001年第5期。

王春光:《新生代农村流动人口的社会认同与城乡融合的关系》,《社会学研究》2001年第3期。

王春兰、丁金宏、杨上广:《大城市青年农民工的就业特征及存在的若干问题——以上海市闵行区为例》,《华东师范大学学报(哲学社会科学版)》2006年第3期。

王佃利等:《新生代农民工的城市融入——框架建构与调研分析》,《中国行政管理》2011年第2期。

王桂新、沈建法等:《中国城市农民工市民化研究——以上海为例》,《人口与发展》2008年第1期。

王桂新：《人口与发展：上海、东京的比较》，《复旦大学学报（社会科学版）》2004 年第 6 期。

王昺、梁晓：《温哥华华人新移民的社会融合》，《世界民族》2003 年第 4 期。

王社教：《中国古都研究（第十七辑）——中国古都学会 2000 年学术年会暨中华古都徐州历史文化资源开发研讨会论文集》，2000 年。

王溪桥：《西安产业结构演进与城市化发展互动研究》，硕士学位论文，陕西师范大学，2011 年。

王兴中：《中国城市社会结构研究》，科学出版社 2000 年版。

魏立华、闫小培：《转型期中国城市社会空间演进动力及其模式研究——以广州市为例》，《地理与地理信息科学》2006 年第 1 期。

吴宏岐、史红帅：《关于清代西安城内满城和南城的若干问题》，《中国历史地理论丛》2000 年第 3 期。

吴启焰：《大城市居住空间分异研究的理论与实践》，科学出版社 2001 年版。

西安商报：《西安市将改造 85 个城中村　总投资达 263 亿》，《西安商报》2012 年 3 月 21 日。

西安市城改办：《关于西安市城中村和棚户区改造工作的汇报》，2009 年。

西安市发展和改革委员会：《西安产业发展白皮书》，2008 年。

夏建中：《现代西方城市社区研究的主要理论与方法》，《燕山大学学报》2000 年第 6 期。

项飚：《跨越边界的社区：北京“浙江村”研究》，生活·读书·新知三联书店 2000 年版。

谢建社：《农民工分层：中国城市化思考》，《广州大学学报（社会科学版）》2006 年第 10 期。

邢兰芹、王慧等：《1990 年代以来西安城市居住空间重构与分异》，《城市规划》2004 年第 6 期。

许学强：《广州市社会空间结构的因子生态分析》，《地理学报》1989 年第 4 期。

薛平拴：《明清时期陕西境内的人口迁移》，《中国历史地理论丛》

2001 年第 3 期。

杨菊华：《从隔离、选择融入到融合：流动人口社会融入问题的理论思考》，《人口研究》2009 年第 1 期。

杨黎源：《外来人群社会融合进程中八大问题探讨——基于对宁波市 1053 位居民社会调查的分析》，《宁波大学学报》2007 年第 7 期。

杨上广：《上海城市居住空间分异的社会学研究》，《社会》2006 年第 6 期。

杨上广：《中国城市社会空间的演化》，华东理工大学出版社 2006 年版。

姚俊：《"路在何方"：新生代农民工发展取向研——兼与老一代农民工的比较分析》，《青年研究》2010 年第 6 期。

虞蔚：《城市社会空间的研究与规划》，《城市规划》1986 年第 6 期。

袁媛、吴缚龙：《基于剥夺理论的城市社会空间评价与应用》，《城市规划学刊》2010 年第 1 期。

张桂霞：《八十年代广州市区人口中分布的变动》，《热带地理》1994 年第 4 期。

张鸿雁：《城市空间的社会与"城市文化资本"论》，《城市问题》2005 年第 4 期。

张建丽、李雪鸣等：《新生代农民工市民化进程与空间分异研究》，《中国人口资源与环境》2011 年第 3 期。

张善余：《近年上海市人口分布态势的巨大变化》，《人口研究》1999 年第 5 期。

张文宏、雷开春：《城市新移民社会融合的结构、现状与影响因素分析》，《社会学研究》2008 年第 5 期。

赵延东：《城乡流动人口的经济地位获得及决定因素》，《中国人口科学》2002 年第 4 期。

郑静、许学强：《广州市社会空间结构的因子生态再分析》，《地理研究》1995 年第 2 期。

周春山：《广州市人口空间分布变动模式研究》，《地理学与国土研究》1996 年第 3 期。

朱力：《论农民工阶层的城市适应》，《江海学刊》2002 年第 6 期。

朱宇：《1990年代上海市人口和就业变化空间格局和国际对比》，《经济地理》2004年第6期。

［德］齐美尔：《社会是如何可能的》，林荣远译，广西师范大学出版社2002年版。

［法］福柯：《规训与惩罚》，刘北成、杨远缨译，生活·读书·新知三联书店2007年版。

［美］爱德华·索亚：《后现代地理学——重申批判社会理论中的空间》，王文斌译，商务印书馆2004年版。

［美］大卫·哈维：《巴黎城记：现代性之都的诞生》，黄煜文译，广西师范大学出版社2006年版。

［美］雅各布：《美国大城市的死与生》，译林出版社2003年版。

Laumann and House，转引自王兴中《中国城市社会空间结构研究》，科学出版社1970年版。

Lee MY, Sapp SG, Ray MC., "The Reverse Social Distance Scale", *Soc Psychol*, Feb. Vol. 136, No. 1, 1996.

Olsson G., "Inference problems in locational analysis", in Cox K R, Golledge R. G., *Behavioral Problems in Geography Revisited*, London and New York: Routledge, 1981.

Park. Robert E., "Our racial frontier on the pacific", *in Race and Culture*, Glencoe: the free press, 1950.

Sauvy, Alfred, *General Theory of Population*, New York: Basic Books, Inc. 1966.

Webber. M. M., "The urban place and nonplace urban realm", in Webber. M. M. et al. (eds), *Exploration into Urban Structure*, University of Pennsylvania Press, philadelphia, 1964.

Murdie R. A., "Factorial Ecology of Metropolitan Toronto, 1951 - 1961", *Research Paper No.* 116, *Department of Geography*, University of Chicago, 1969.

Gans, H., urbanism and suburbanism as a way of life: A reevaluation of definition, in R. E. phalli *readiness in urban sociology*, persimmon press, 1968.

Rex, J. and Moore, R., *Race, Community and Conflict*, Oxford University Press, 1967.

Paul, R., *Whose City?* (*2nd*), penguin, 1975.

Fasenfest, David, Jason Booza, and Kurt Metzger, *Living Together: A New Look at Racial and Ethnic Integration in Metropolitan Neighborhoods, 1990 - 2000*, Washington, DC: Brookings, 2004.

Foley L. D., "An approach to metropolitan Spatial structure", in Webber M. M. et al. (eds.), *Exploration into Urban Structure*, University of Pennsylvania Press, Philadelphia, 1964.

Friedman, Samantha, "Do Declines in Residential Segregation Mean Stable Neighborhood Racial Integration in Metropolitan America? A Research Note", *Social Science Research*, vol. 37, 2008.

Bourne L. S. (ed.), *Internal Structure of the city*, Oxford University Press, New York., 1971.

Logan, John R. and Charles Zhang, "Global Neighborhoods: New Pathways to Diversity and Separation", *American Journal of Sociology*, *vol.* 115, 2010.

Nancy A. Denton, Douglas S. Massey, "Residential Segregation of Blacks, Hispanics, and Asians by Socioeconomic Status and Generation", *Social Science Quarterly*, 1988.

Douglas S. Massey, Nancy A. Denton, "Hyper segregation in U. S. Metropolitan Areas: Black and Hispanic Segregation Along Five Dimensions", *Demography*, vol. 2, 1989.

Reynolds Farley, et al., "Continued Racial Residential Segregation: Chocolate City, Vanilla Suburbs Revisited", *Journal of Housing Research*, vol. 4, No. 1, 1993

后　记

本书是在我博士论文的基础上修改而成的，在读博士的几年中，留下了许多让我难以忘怀的人和事。有太多的人值得我感谢。

特别感谢我的导师李世平教授，正是导师的耐心帮助与支持，才使得我在整个学习过程中一次次克服困难、重树信心，在论文选题时，我的题目历经数次更改，每一次，李世平教授都鼓励我将自己的专业所长和毕业论文相结合进行选题。在收集数据和实地调查过程中，帮我联系有关部门，使数据收集得以顺利完成。在初稿完成后，耐心细致地帮我修改每个细节，指出文章的不足并提供详细的修改思路和修改意见。我的博士论文每一步都是在恩师的悉心指导下完成的，自始至终都倾注着恩师的大量心血。

衷心感谢西北农林科技大学人文学院的樊志民教授、张波教授、卜风贤教授；经济管理学院的王征兵教授、王礼力教授在我整个博士学习期间所教授的课程和博士论文完成过程中所给予的指导与意见；感谢人文学院社会学教研室的司汉武副教授对我论文提出的宝贵修改意见和建议，所有这些，我将永远铭记于心！

感谢预答辩中陈遇春教授和郑少锋教授提出的宝贵修改意见，对于我论文的进一步提高和完善有非常有益的帮助！感谢论文答辩过程中的西北大学的惠宁教授、西北农林科技大学的孔荣教授和郭风平教授对我论文提出的意见，这将帮助我在以后的后续研究中拓展研究思路，弥补当前研究中的不足。

感谢赵建民博士在绘制图形方面所给予的极大帮助，虽然素不相识，没有见过面，但他耗费了大量时间帮我寻找底图，并在很短的时间内帮我将数据图绘制好。

感谢研究生秘书王曼的耐心帮助，感谢一起学习的同学们。

感谢我的家人，是你们无私的付出和默默支持，使得我可以安于学业。

感谢我的好友柏晓瑜和西北农林科技大学社会学专业的王娇等十几位同学在调查过程中的辛苦工作，没有他们，我的调查不能顺利完成。感谢调查过程中我遇到的外来人口与市民调查对象的配合。

2013 年 6 月完稿于西北农林科技大学
2014 年 5 月修改于西北农林科技大学